AF339454

Après l'École

REVUE ILLUSTRÉE D'ENSEIGNEMENT POPULAIRE

LA

MUTUALITÉ A L'ÉCOLE

GUIDE PRATIQUE

PAR

Henri GILBAULT

ANCIEN PROFESSEUR AGRÉGÉ DE PHYSIQUE
DOCTEUR ÈS SCIENCES
INSPECTEUR D'ACADÉMIE DE L'AUDE

AVEC UNE LETTRE-PRÉFACE DE

J.-C. CAVÉ

PARIS

ÉDOUARD CORNÉLY ET Cⁱᵉ, ÉDITEURS

101, RUE DE VAUGIRARD, 101

1904

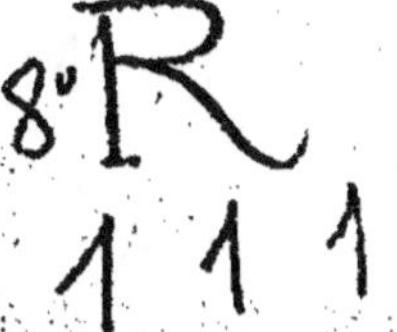

A Monsieur Henri GILBAULT

INSPECTEUR D'ACADÉMIE DE L'AUDE

Monsieur l'Inspecteur d'Académie,

Le *Bulletin de l'instruction primaire* de votre département vient de publier un **Vade-mecum de mutualité scolaire** dont vous êtes l'auteur. Vous avez bien voulu m'en adresser un exemplaire, que j'ai lu avec le plus vif intérêt ; je vous remercie sincèrement de cet envoi et de l'offre très flatteuse que vous me faites d'exprimer mon opinion sur cette remarquable étude.

Le sujet vous avait conquis, vous l'avez traité avec une maîtrise d'autant plus élevée que votre talent d'écrivain s'y inspirait de profondes convictions mutualistes.

L'ordre parfait que vous avez apporté dans ce travail, la clarté des développements et la netteté des conseils qu'il comporte, en feront un document des plus utiles, sinon indispensable, aux organisateurs et administrateurs de nos sociétés, dont la bonne volonté, si entière qu'elle soit, peut quelquefois être trahie par le défaut d'expérience.

Maintes fois déjà les Congrès mutualistes et le Conseil supérieur de la mutualité ont manifesté le désir de voir entre les mains des instituteurs et des institutrices les textes d'une conférence-type capable de les renseigner sur tous les avantages comme sur les détails de l'œuvre qu'ils veulent entreprendre et de les mettre plus à même de convaincre les familles des enfants dont ils sollicitent l'adhésion.

Les *apôtres de la foi nouvelle* (nom que leur donne, à juste titre, mon éminent ami, M. Édouard Petit) sauront puiser à pleines mains dans votre *guide* les éléments d'une conférence excellente et décisive.

Ainsi pourront se former, partout, plus aisément, ces précieuses pépinières dans lesquelles la mutualité reconnaissante trouvera bientôt assez de jeunes recrues pour assurer sa prospérité future et son triomphe.

La critique, dit-on, donne seule aux éloges, si mérités qu'ils soient, le vrai caractère de sincérité ; permettez-moi donc, cher Monsieur, de vous adresser une rectification touchant, en ce qui me concerne, la trop bienveillante appréciation que je trouve à la fin de l'article A du chapitre Ier de votre ouvrage.

Sur la foi de trop nombreuses assertions, vous m'attribuez tout le mérite de la fondation, en 1881, de la première société scolaire. Or il ne faut jamais oublier que, si quinze années de présidence d'une Société d'adultes ont fait germer en mon esprit l'idée de la mutualité scolaire, cette conception n'a porté de fruits que grâce à l'inlassable concours des membres de l'enseignement de mon arrondissement.

Pendant plus de douze années avant que nous ne trouvions des imitateurs, mes admirables collaborateurs, sans un moment d'impatience, ont fait la preuve de la vitalité d'une œuvre que de nombreux mutualistes persistaient à considérer comme une utopie.

C'est donc au fidèle et persévérant dévouement des instituteurs et des institutrices du XIXe arrondissement qu'est dû, surtout, le succès d'efforts qui ont seulement consisté, dans la suite, à porter par toute la France, avec l'appui de mon *bon compagnon* M. Édouard Petit, déjà nommé, la graine de l'arbre majestueux qui, selon l'expression d'un de vos sympathiques collègues, couvre déjà de ses rameaux bienfaisants la cour de l'école républicaine.

Le zèle patriotique et humanitaire dont, à tous les degrés, ont témoigné les membres de l'enseignement a fait tout le reste.

Cet hommage rendu à la vérité historique, je tiens à vous féliciter particulièrement, cher Monsieur, des explications très précises que vous donnez des différents modes de constitution des retraites.

C'est là, depuis longtemps, un sujet bien controversé entre individualistes et mutualistes; la solution est différente selon qu'on se place au point de vue de l'*assurance* ou de la *solidarité*.

Votre démonstration arrive fort à propos pour contrebalancer l'influence néfaste que pourrait exercer un ouvrage dernièrement paru sur des esprits peu renseignés.

En rompant une très forte lance en faveur du *Livret individuel*, l'auteur de ce volume nous a rendu le signalé service de mettre à nu l'unique défaut de l'invulnérable *fonds commun*.

Ce défaut n'avait d'ailleurs pas échappé à l'attentive sollicitude du Conseil supérieur qui, dans sa prochaine session, adoptera certainement le facile et sûr remède proposé par l'honorable et savant actuaire mutualiste, M. Prosper de Lafitte.

Ce remède consiste simplement dans la création à la Caisse des dépôts et consignations d'un troisième compte destiné à recevoir le montant des arrérages annuels du fonds commun inaliénable de nos Sociétés.

Capitalisés à ce compte, les arrérages resteront néanmoins disponibles, pour être *entièrement employés à la constitution des retraites*, au lieu d'être, comme par le passé, incorporés à la partie inaliénable et ne fournir aux pensions que les intérêts des intérêts, c'est-à-dire des éléments restreints et insuffisants.

Le seul argument des individualistes disparaissant, la constitution des retraites par le fonds commun, incontestablement plus productive, sera pratiquée à l'aide du livret de pension mutualiste qui comporte toutes les qualités du *Livret individuel*, et ne rencontrera plus d'adversaires.

Dans tous les cas, le généreux plaidoyer que vous venez d'écrire aura largement contribué au succès définitif que nous souhaitons tous, et vous aurez, je le répète en terminant, bien mérité de tous ceux qui s'intéressent à l'épanouissement des œuvres sociales de la jeunesse française.

Avec mes compliments personnels, veuillez agréer, cher Monsieur, l'expression de ma considération la plus sympathique et la plus distinguée.

J.-C. CAVÉ.

INTRODUCTION

On s'est souvent plaint de ne pas avoir sous une forme concise, réuni dans une brochure qui soit comme une sorte de Vade-mecum à l'usage des organisateurs et administrateurs de Mutualités scolaires, tout ce qu'il faut savoir en théorie et tout ce qu'il faut faire en pratique, pour créer et faire fonctionner une Petite Cavé.

Il est certain que les hésitations qu'éprouvent beaucoup d'instituteurs pour mettre sur pied un mécanisme qu'ils connaissent insuffisamment est une des causes qui entravent l'extension de la Mutualité.

Et si quelques maîtres, guidés plutôt par l'intuition de ce que sont les Mutualités scolaires et de ce qu'elles peuvent donner, que par une connaissance précise des méthodes d'administration et des procédés de comptabilité, essayent d'instituer une société de ce genre, ils se buttent bientôt contre des difficultés qui risquent de les décourager.

C'est pour éviter ces découragements et provoquer les initiatives que j'ai -- avec l'aide de M. Maury, secrétaire de l'Inspection académique de la Lozère, à qui j'adresse ici, publiquement, mes remerciements — que j'ai essayé de faire un résumé des con-

naissances qu'il faut avoir pour mener à bien l'œuvre d'une mutualité scolaire et l'administrer légalement et sagement.

Pour éclairer cette partie pratique à la lumière des principes directeurs de toute œuvre d'éducation sociale, nous l'avons fait précéder de brèves considérations sur la Solidarité et la Prévoyance.

Afin de donner le plus de clarté possible à notre travail et faciliter les recherches, nous avons suivi l'ordre chronologique des faits ou actes tels qu'ils se présentent ou doivent se présenter normalement lorsqu'on crée, organise ou administre une Petite Cavé.

Ce travail comporte quatre grandes divisions :

1° Raisons d'être de la Mutualité ;

2° Qu'est-ce que la Mutualité scolaire ;

3° Loi du 1er Avril 1898, relative aux Sociétés de secours mutuels.

4° Statuts modèles d'une Société de secours mutuels approuvée.

H. GILBAULT.

LA MUTUALITÉ A L'ÉCOLE

I

RAISON D'ÊTRE DE LA MUTUALITÉ

A. — Solidarité

Un physicien disait que pour bien faire connaître les propriétés de l'air, il fallait étudier le vide, c'est-à-dire un milieu où il n'existe pas d'air.

Pour vous faire saisir les avantages de l'association, je ne trouve rien de plus commode, tout d'abord, que de vous montrer l'homme isolé, exclu de l'association, et de vous faire sentir sa situation précaire.

Je viens de prononcer le mot d'*homme* appliqué à l'être qui vit en dehors de l'association; mais je n'ai employé ce vocable que par habitude étant donné que l'être de notre espèce qui vit en dehors de l'humanité est trop éloigné de nous pour pouvoir porter le même nom. Nous avons des exemples d'êtres humains abandonnés jeunes dans les forêts et retrouvés plus tard lorsqu'ils avaient l'âge adulte; mais retrouvés — ô combien misérables! — rampant sur le sol, ne sachant pas exprimer leurs sensations, n'ayant aucune pensée, aucun sentiment moral; et, qui plus est, déformés à jamais, incapables d'apprendre à parler, inaptes au travail, ne pouvant participer à notre vie sociale. En un mot ces êtres humains avaient rétrogradé jusqu'à l'état bestial.

Ce qui *fait l'homme* — cet être remarquable, supérieur à tous les autres organismes de ce monde — cet être doué de la parole; ce qui fait cet être supérieur, dont la pensée a mesuré le monde et fixé les lois éternelles et immuables de la matière; ce qui fait cet être doué de moralité et capable d'actes généreux et sublimes; ce qui fait tout cela et a élevé l'homme à une telle hauteur, c'est l'association, la cité, la vie en commun.

Cette union fait de tous les hommes les parties constituantes d'une société dont les membres sont *solidaires* et ne sauraient oublier qu'ils vivent par elle et pour elle.

Oui, « l'homme est un animal politique », comme disait Aristote, voulant faire comprendre par là que l'homme est adapté à la vie de la cité, et, dans cette vie en commun, « rien de ce qui touche à l'homme ne peut m'être étranger », suivant l'expression de Térence ; c'est-à-dire que nous sommes tous dépendants les uns des autres, que nous sommes tous unis par la sublime *solidarité*.

Et combien féconde cette association ! Elle est créatrice de nos civilisations; elle a enlevé l'homme, comme je le disais tout d'abord, à la basse vie de la bête pour en faire un être pensant et sentant : elle a relevé

> « Le pied tragique de nos pères
> Dans l'âpre fange du passé. »
>
> (V. H.)

Elle a constitué nos merveilleuses cités, organes supérieurs de vie.

L'association est féconde parce qu'elle est créatrice de force et d'action.

« L'union fait la force, dit-on [1]. » Mais le proverbe est encore bien au-dessous de la vérité. L'union *crée :* voilà ce qu'il faut dire. C'est l'union seule qui extrait éternellement du morne non-être les splendeurs de l'être. L'isolement absolu, c'est l'être au minimum. Le groupement total et suprême, c'est l'être au maximum. La dissociation régressive conduit à cette limite idéale d'en bas : le néant glacé. L'association progressive mène à cette limite idéale d'en haut, « à cette fournaise de vie » qu'est la cité ! L'association n'additionne pas les hommes les uns aux autres, elle n'additionne pas les efforts individuels aux efforts individuels : l'association multiplie les efforts individuels par les efforts individuels, et là où l'on est dix on a la force de cent, parce qu'au lieu de subir le conflit des intérêts qui affaiblit l'effort de chacun, « on a les coudes serrés de ces dix hommes qui font la trouée dans les foules [2] ».

L'association nous fait désapprendre la haine par l'habitude de l'union; elle nous enseigne la justice et la bonté en nous obli-

1. *La Cité moderne*, Izoulet, p. 7.
2. *L'Education de la Démocratie française*, Bourgeois, p. 230.

geant à ne pas traiter les autres membres de l'association autrement que nous voudrions être traités nous-mêmes ; il en résulte plus de bonheur pour tous, puisque les actions multipliées et conscientes s'appliquent à satisfaire les besoins communs. Il ne faudrait pas croire que l'association, pour arriver à un tel but, étouffe les libres volontés individuelles : car l'association n'est qu'un moyen et l'individu est toujours une fin ; c'est au contraire pour accroître la liberté et le bonheur des individus qu'on a pris le moyen de l'association : nous avons toujours l'idéal de Kant d'une République de fins.

L'association est également éducatrice.

« Quelle que soit l'association : que ce soit une Société d'instruction ou une Société d'éducation civique ou politique, son but principal, c'est d'apprendre chaque jour davantage à se sacrifier au but commun, et c'est faire sur un petit terrain, sur un petit espace, dans un petit domaine, l'image réduite, visible pour quelques yeux, de ce que doit être la grande société humaine dans laquelle le but essentiel sera de penser aux autres au lieu de penser à soi[1]. »

Les avantages de l'association, de la solidarité ont donc une éclatante évidence, faite de tout le bonheur que peuvent nous apporter la paix et l'amitié. A nous de nous employer de toutes nos forces au développement des associations humaines. Kant a dit : « C'est un *devoir* de travailler de tout notre pouvoir à réaliser le souverain bien. »

Mais comment accroître la force de l'association qui unit déjà les hommes ? Comment développer le sentiment de solidarité ?

Pour moi je ne vois qu'un moyen, c'est de prendre les enfants de nos écoles et de les faire entrer dans des associations, c'est-à-dire « de créer » autour de ces enfants, de ces jeunes gens, par l'exemple, par le contact, un milieu dans lequel ils apprendront ce que c'est que la chose commune, où ils apprendront à penser aux autres ; un milieu dans lequel, non seulement ils apprendront toutes ces choses, mais où ils prendront l'habitude de toutes ces choses. L'habitude !... Voilà le moyen d'action !... L'habitude !... c'est ce qui substitue notre vie quotidienne, à l'effort si difficile et si pénible, je ne sais quelle facilité naturelle vers l'action : l'habitude de faire le bien, c'est cette force merveilleuse grâce à laquelle le sacrifice consenti pour le bien commun semble naturel, presque nécessaire, si bien qu'on peut dire : le sacrifice, ce n'est plus la souffrance, c'est la joie.

1. *L'Éducation de la Démocratie française*, Bourgeois, p. 231.

Nous préparerons ainsi par l'École et par l'éducation une génération d'hommes plus pénétrés des idées de solidarité et meilleurs. « Les hommes, disait Marc-Aurèle, sont faits, pour s'entr'aider les uns les autres : instruisez-les donc, c'est le meilleur moyen de les corriger. » Appliquant cette maxime, nos écoles deviendront suivant le mot de V. Hugo « des sanctuaires de la solidarité, des sanctuaires de vie sociale », et toi, instituteur, tu seras le sculpteur qui modèle la Cité de demain ; tu seras le Maître de cette jeunesse, et, dans un élan de reconnaissance,

> « La France, t'approuvant, par un grave sourire,
> Sera debout derrière toi »
>
> (M. Bouchor)

pour te soutenir dans ta noble tâche.

Mais, me demandez-vous, quelle est cette association que nous désirons introduire dans nos écoles et dont nous attendons une si grande puissance éducative. Je vous répondrai que cette association est encore plus merveilleuse que vous ne le pensez ; qu'elle est éducative, comme vous le dites, mais qu'elle est encore une source de richesse matérielle pour ses membres, qu'elle est capable de donner à ceux qui adhèrent et qui versent 2 sous par semaine, un secours lorsqu'ils sont malades et une retraite lorsque l'âge du repos est arrivé. Cette association remarquable que nous proposons pour les enfants de nos écoles n'est autre que la *Mutualité scolaire* ou « *Petite Cavé* », du nom de son fondateur.

C'est en 1881 que M. J.-C. Cavé, un philanthrope de grand cœur, doublé d'un savant ingénieux, fonda dans le XIX⁰ arrondissement de Paris la première Mutualité scolaire.

Nous indiquerons plus loin ce qu'est devenue cette première Société qui a déjà accompli des prodiges.

B. — Prévoyance

La mutualité peut être considérée comme la forme supérieure de la prévoyance et de la solidarité.

La Mutualité cherche à assurer le *nécessaire* à tous par le *superflu* de chacun.

« C'est dans la Mutualité que nous trouverons un remède effi-
« cace contre les maux résultant de la maladie, des maladies dont
« les germes sont peut-être en nous, et des accidents possibles.

« *Qui ne pense qu'à soi quand sa fortune est bonne* — a dit le fabuliste — *dans le malheur n'a point d'amis.* »

Quand l'homme est plein de santé, que son travail suffit aux besoins de sa famille, il doit se prémunir contre l'infortune, contre les désastres qui peuvent survenir, et c'est en raison des sacrifices légers qu'il s'est imposés pour les autres qu'il aura droit aux secours de ceux-ci.

Si quelques-uns d'entre nous, fort heureusement, peuvent échapper à l'adversité, aucun ne peut vaincre la mort ni éloigner la vieillesse.

En prévision de cette échéance fatale ou de cette déchéance aussi certaine, tout travailleur doit prendre les mesures de sauvegarde compatibles avec sa situation sociale.

Et c'est la Mutualité qui nous fournit les moyens les plus simples et les plus économiques de laisser à notre famille quelques ressources en cas de décès prématuré et qui nous permet d'assurer la tranquillité de nos vieux jours par une rente viagère.

Pour cela, il suffit de verser hebdomadairement, mensuellement ou annuellement, une modeste cotisation qui ne grève pas sensiblement notre budget.

Cette forme de la prévoyance est bien supérieure à celle de la capitalisation égoïste : d'abord parce qu'elle est à la portée de tout le monde, ensuite parce qu'elle est plus humaine, plus solidariste, partant plus démocratique.

Et parmi les institutions mutualistes, la plus recommandable est bien certainement la *Mutualité scolaire*, parce qu'elle s'adresse à l'enfant.

La Mutualité scolaire donne aux enfants l'habitude de l'épargne avec le goût de l'ordre et de l'économie.

Elle est un moyen d'éducation en même temps qu'une institution utilitaire.

Elle est un préservatif assuré contre l'indifférence devant la misère et devant les institutions destinées au mutuel soulagement de la misère.

« Elle montre tout ensemble à l'enfant la puissance de l'épargne
« et celle de l'association. En associant l'idée d'économie à
« l'idée de solidarité, cette œuvre apprend à la fois à l'enfant la
« prévoyance pour soi, qui est une forme de l'intérêt bien entendu,
« et la prévoyance pour autrui, qui est une forme de la Frater-
« nité [1]. »

Montrons-nous très pressés d'assurer l'avenir, car l'avenir c'est demain.

Plus tôt nous commencerons, meilleurs seront les résultats. En

---

1. Circulaire ministérielle du 10 juillet 1895. — R. Poincaré.

mutualité, comme en toutes choses, il est plus sûr de partir de bonne heure que de courir pour rattraper le temps perdu.

Et voilà pourquoi encore la *Mutualité scolaire* plus que tout autre Société mutuelle doit attirer notre attention.

Elle accepte comme membres participants des enfants de 3 ans qu'elle garde en cette qualité jusqu'à 16 ou 20 ans, même jusqu'à 50 ou 55 ans lorsqu'elle a une section d'adultes.

Chaque membre verse 10 centimes par semaine dont 5 centimes sont affectés au fonds de secours et 5 centimes à la constitution d'un capital-retraite.

« Tous les enfants de nos écoles peuvent être membres participants, car tout le monde peut trouver *deux sous* par semaine. Les indigents eux-mêmes pourraient les avoir. Je fais appel ici aux esprits généreux qui me liront : ne vous serait-il pas possible, vous qui êtes aisés, de donner aux enfants indigents un léger travail à faire tous les samedis de façon à leur faire gagner 10 centimes. J'ai vu dans certaines villes des âmes généreuses donner aux enfants indigents de petits lapins ; les enfants élevaient ces animaux en allant — à la sortie de la classe — chercher de l'herbe aux champs et, lorsque les lapins avaient grossi, les enfants vendaient l'animal à leur protecteur et touchaient une somme suffisante pour payer leur cotisation pendant plusieurs semaines. »

Aussi suis-je persuadé qu'il n'y a pas là — dans l'obtention de 10 centimes par semaine — une difficulté.

Et voici quels merveilleux résultats on obtient avec un si faible sacrifice.

D'abord tous les jeunes sociétaires reçoivent 60 centimes par jour de maladie, ce qui est pour les familles nécessiteuses une ressource qui a son importance.

Ensuite, chaque sociétaire arrivé à l'âge de 50 ou 55 ans, s'il a 15 ans au moins de sociétariat, obtient une retraite dont le chiffre est proportionné aux versements et au temps passé dans la Société et qui, d'après les calculs des spécialistes, pourrait atteindre 150 francs sans pouvoir légalement dépasser 360 francs.

On a donc pu dire avec raison que « la mutualité scolaire a répondu à l'attente qu'on fondait sur l'ingéniosité de son mécanisme, sur la vertu de sa formule, qui apprend à conserver et à donner, à s'aider soi-même et à aider autrui ; qui, sur les avantages pécuniaires greffe les avantages moraux et couronne une bonne affaire par une bonne action[1]. »

Oh ! merveilleuse Mutualité qui supprimes les déshérités, qui

1. Edouard Petit, *Rapport sur les œuvres post-scolaires* 1898-1899.

assures à tous un secours en cas de maladie et la tranquillité pour
la vieillesse, tu effaces des consciences les sentiments de haine et
de révolte et y substitues des sentiments de gratitude et d'union ;
tu es la grande force qui arrache les deshérités à l'armée du crime
pour les envoyer à l'armée de la Paix.

Oui, « c'est une tentative politique très noble que celle-là : c'est
la plus utile et la plus haute qu'on puisse entreprendre, que de
vouloir faire de ces deshérités, de ces découragés, de ces déses-
pérés, d'autres hommes utiles à la société, et d'autant plus recon-
naissants envers elle qu'ils ont senti le souffle du désespoir [1]. »

1. *L'Éducation de la Démocratie*, Bourgeois, p. 236.

QU'EST-CE QUE LA MUTUALITÉ SCOLAIRE

A. — But

Les Petites Cavé qui — disons-le tout de suite — se prêtent à toutes les combinaisons et peuvent revêtir toutes les formes de prévoyance mutuelle, autres que celles que nous indiquons ci-après, sont des Sociétés scolaires de secours mutuels et de retraites et ont pour but principal :

« 1° De venir en aide aux sociétaires malades, au moyen d'une indemnité journalière payée à leurs parents pendant le temps de la maladie de leurs enfants et plus tard aux sociétaires eux-mêmes ;

« 2° De profiter dans la plus large mesure des avantages de la loi du 1er avril 1898, en constituant au profit des membres de la Société un fonds commun de retraites inaliénable destiné à leur assurer une pension de retraite ;

« 3° De pourvoir chacun des sociétaires d'un livret de la Caisse nationale des Retraites (instrument de ses propres efforts pour accroître, dans les termes de la loi du 20 juillet 1886, la pension de retraite qui lui sera servie par la Société) ;

« 4° D'assurer aux sociétaires l'appui moral et fraternel de leurs anciens condisciples ; de les encourager dans la poursuite de leurs études professionnelles et de faciliter leurs débuts dans la vie ;

« 5° De rembourser aux ayants droit, en cas de décès du sociétaire avant l'entrée en jouissance de sa pension, un capital dont le montant est déterminé par les statuts. »

Les Petites Cavé peuvent, en outre, à titre facultatif :

« A. Etablir des cours professionnels, ou complémentaires en vue de l'instruction professionnelle ;

« B. Créer des offices de placement ;

« C. Favoriser l'admission des jeunes gens dans les Sociétés de secours mutuels d'adultes ;

« *D*. Contracter au profit des sociétaires, au moyen de cotisations graduées selon leur âge, une assurance-vie ayant pour objet de leur payer, à leur retour du régiment pour les hommes, et pour les jeunes filles et les jeunes gens exempts du service; à leur majorité, une dot proportionnée à leurs versements [1]. »

B. — Moyens

a) — CRÉATION. — APPROBATION

I. Pour créer une Mutualité scolaire le fondateur ou les fondateurs rédigent des statuts en conformité avec la loi du 1er avril 1898 et en déposent deux expéditions à la Préfecture ou à la Sous-Préfecture.

Ils y joignent la liste des noms et adresses de toutes les personnes qui, sous un titre quelconque, seront chargées à l'origine de l'administration ou de la direction de la Société.

Récépissé de ces pièces leur est délivré ; un mois après la Société peut fonctionner [2].

II. Lorsqu'une Société désire se faire approuver par arrêté ministériel, elle doit en faire la demande écrite au Préfet, sur papier libre et y joindre 4 exemplaires de ses statuts.

III. Des statuts modèles pour les Mutualités scolaires approuvés ont été élaborés par une commission interministérielle siégeant au Ministère de l'Intérieur.

IV. L'approbation ministérielle confère certains droits et privilèges, notamment la faculté de recevoir des dons et legs mobiliers au-dessus de 3.000 francs, des dons et legs immobiliers sous réserve de l'autorisation du Conseil d'Etat [3].

Les communes sont tenues de fournir aux Sociétés approuvées qui le demandent les locaux nécessaires à leurs réunions, ainsi que les livrets et registres nécessaires à l'administration et à la comptabilité [4].

Tous les actes intéressant les Sociétés approuvées sont exempts des droits de timbre et d'enregistrement (sauf les transmissions

---

1. Statuts modèles publiés par le Ministère de l'Intérieur, 1902.
2. Loi du 1er avril 1898, art. 4.
3. Loi du 1er avril 1898, art. 16 et 17.
4. Loi du 1er avril 1898, art. 18. — Voir ci-après, p. 44.

de propriété, d'usufruit ou de jouissance de biens meubles et immeubles [1]).

Enfin, les Sociétés de secours mutuels approuvées bénéficient du taux de 4 1/2 0/0 pour le placement de leurs fonds à la Caisse des dépôts et consignations et peuvent recevoir, en outre, sous des formes diverses, des subventions fixes ou allocations variables de l'Etat.

Aussi, n'est-ce que des *Mutualités scolaires approuvées que nous nous occuperons ici*, en prenant les éléments de notre travail, soit dans la loi du 1er avril 1898, soit dans les statuts modèles, déjà cités, du Ministère de l'Intérieur.

b) — CONSTITUTION DE LA SOCIÉTÉ

I. *Recrutement des membres honoraires et participants.* — Une fois créée et approuvée, la Mutualité scolaire procède à son organisation, en exécution des dispositions mêmes inscrites dans ses statuts.

Tout d'abord elle doit recruter des adhérents, *membres honoraires et membres participants*.

Les membres honoraires sont ceux qui, par leur cotisation ou des services équivalents, contribuent à la prospérité de la Société sans profiter de ses avantages.

Les membres participants sont ceux qui ont souscrit, ou dont les parents ont souscrit pour eux, l'engagement de se conformer aux statuts et qui profitent des avantages de l'Association [2].

II. *Admission.* — Les statuts particuliers de chaque Société déterminent le mode de recrutement de ses membres.

En général, la procédure est la suivante :

Les membres honoraires sont admis par le président et le Conseil d'administration, sans condition d'âge et de nationalité.

Les membres participants sont admis par le Conseil d'administration — en assemblée générale — après un stage de trois mois. Ils doivent être valides, âgés de 3 ans au moins et de ..... ans au plus.

Les conditions d'origine telles que : élèves *des écoles publiques* de ....., ou *des établissements* publics de ..... doivent être nettement prévues par les statuts.

---

1. Loi du 1er avril 1898, art. 19.
2. Statuts modèles du Ministère de l'Intérieur.

Peuvent néanmoins être admis dans la Société, sans condition de stage, soit au titre de subsistants, soit à titre définitif, lorsqu'ils justifient de leur état de validité, les membres venant des associations similaires avec lesquelles la Société a établi une *union* ou des conventions de réciprocité.

III. *Exclusion*. — Cessent de faire partie de la Société :

Les membres honoraires qui démissionnent, refusent de payer leur cotisation ou cessent de rendre à la Société les services à raison desquels leur admission a été prononcée;

Les membres participants qui n'ont pas payé leur cotisation depuis plus de 2 mois;

Les membres honoraires ou participants qui auront commis une faute au préjudice de la Société.

En outre, l'exclusion pourra être prononcée par l'assemblée générale sur la proposition du Conseil :

1° Pour condamnation infamante;

2° Pour injures et voies de fait envers un sociétaire dans l'enceinte des réunions ou envers un membre du Conseil d'administration, chargé ou non d'une fonction ou d'une mission.

Tout membre exclu ne pourra être admis à nouveau dans la Société.

La démission, la radiation ne donnent droit à aucun remboursement. Toutefois, le sociétaire exclu restera propriétaire du *Livret de pension mutualiste*, si ce livret existe[1] et du *Livret de la Caisse nationale des retraites* acquis par lui.

IV. *Privation et suspension de droits*. — Conformément à l'article 28 de la loi du 1ᵉʳ avril 1898, ceux qui s'affilieront à plusieurs Sociétés profitant des subventions de l'Etat, en vue de se constituer une pension supérieure à 360 francs ou des capitaux en cas de vie et de décès supérieurs à 3.000 francs doivent en faire la déclaration et renoncer en même temps à la partie de la pension dépassant le maximum légal.

Cessent d'avoir droit aux avantages de l'association, les membres participants qui n'ont pas acquitté leurs cotisations depuis plus d'un mois. Ils ne peuvent rentrer ultérieurement dans l'exercice de leurs droits qu'un mois après la régularisation de leur livret et en faisant constater leur état de bonne santé.

---

1. Voir ci-après p. 22. Ce livret de pension mutualiste n'a de valeur, pour le sociétaire exclu, radié ou démissionnaire, en vue de la retraite, et en ce qui concerne le fonds commun, que si le membre participant sort de la Société après 15 ans de sociétariat.

Les sociétaires, dans l'impossibilité momentanée d'acquitter leurs cotisations pourront solliciter du Conseil d'administration un congé de trois mois qui pourra être renouvelé trois fois.

Pendant la durée du congé, les obligations et les droits réciproques de la Société et des membres en état de congé sort suspendus.

A l'expiration du congé, le sociétaire rentrera dans l'exercice de ses droits un mois après avoir fait constater son état de bonne santé et avoir acquitté les cotisations et amendes dont il pouvait être redevable antérieurement au congé.

Les sociétaires sous les drapeaux sont de droit en état de congé pendant toute la durée de leur service militaire. Ils pourront, toutefois, continuer leurs versements en vue de la retraite dans les conditions prévues par les statuts[1].

V. *Constitution définitive de la Société.* — Lorsque le nombre des adhésions est jugé suffisant pour la constitution définitive de la Société, le comité provisoire provoque une réunion de tous les adhérents dans laquelle il est procédé, d'après les règles édictées par les statuts, à la mise en fonctionnement de la Mutualité.

Ceci devient un fait accompli lorsque la Société a assuré son administration normale.

C) — ADMINISTRATION

Généralement, les Mutualités scolaires sont administrées :

Par un Conseil d'administration composé de tous les administrateurs et des *membres du bureau.*

Par *un bureau*, placé à la tête de ce Conseil, et composé du président, du ou des vice-présidents, du ou des secrétaires et trésoriers.

I. *Conseil d'administration.* — Les membres de ce Conseil sont choisis parmi les membres honoraires où les parents des membres participants.

Ils sont élus en assemblée générale par les membres honoraires et les membres participants âgés de plus de 16 ans.

II. *Membres du bureau.* — Le président de la Société est élu au scrutin secret et à la majorité des suffrages.

1. Voir ci-après, p. 22.

Les vice-présidents, secrétaires et trésoriers sont désignés par le Conseil et pris dans son sein.

Nul ne peut être membre du bureau s'il n'est Français et s'il ne jouit de ses droits civils et politiques.

La durée du mandat des uns et des autres est fixée par les statuts, lesquels peuvent d'ailleurs prévoir une administration autre que celle que nous indiquons.

III. *Attributions du Conseil.* — Le Conseil administre la Société, fait les règlements d'ordre intérieur, vote les dépenses afférentes aux frais généraux et délibère sur les questions qui lui sont réservées par les statuts.

Le président surveille et assure l'exécution des statuts et des décisions du Conseil d'administration, signe tous les actes et représente la Société dans ses rapports avec l'administration supérieure. Il contresigne les documents et reçus relatifs aux dépôts, retraits et mouvements de fonds opérés par les soins du trésorier dans les caisses publiques. Il adresse, chaque année, à l'autorité supérieure les états statistiques, les comptes rendus des opérations de la Société, conformément aux articles 7 et 29 de la loi du 1er avril 1898.

Les vice-présidents le remplacent quand il est empêché.

Le secrétaire et le secrétaire adjoint sont chargés de la rédaction des procès-verbaux et de la correspondance. Ils enregistrent les admissions. Ils sont chargés de la conservation des documents intéressant la Société.

Le trésorier et le trésorier adjoint surveillent les recettes et les dépenses et sont responsables, chacun en ce qui le concerne, des fonds confiés à leurs soins, ainsi que des titres de la Société.

IV. *Assemblée générale.* — La Société se réunit au moins une fois par an, pour entendre le rapport sur la situation financière, pour procéder au renouvellement des membres du Conseil et statuer sur les questions qui lui sont soumises par le Conseil d'administration. Les propositions émanant des sociétaires doivent, au moins trois mois avant l'assemblée générale, être soumises au Conseil d'administration. Les membres participants âgés de plus de seize ans ont seuls le droit de prendre part aux délibérations et aux votes. Au-desscus de cet âge les enfants peuvent être représentés aux assemblées par leur représentant légal.

Toutes discussions politiques ou religieuses sont interdites dans les séances du Conseil, ou de l'assemblée générale.

V. *Obligations et droits réciproques des sociétaires et de la Société.* — Ces obligations et droits de l'individu envers la collectivité et réciproquement doivent être exactement déterminés par les statuts.

En général ils sont les suivants, sauf stipulations contraires :

d) — OBLIGATIONS DES SOCIÉTAIRES ENVERS LA SOCIÉTÉ

Les sociétaires, ou leurs parents pour eux, s'engagent à payer régulièrement les cotisations.

I. *Cotisation*. — La cotisation principale hebdomadaire et obligatoire est fixée à 0 fr. 10, dont la moitié au moins doit être affectée soit aux versements sur *livrets individuels de retraite*, soit à l'établissement ou à l'accroissement du fonds commun (inaliénable) de retraites destiné à constituer des pensions mutualistes aux sociétaires.

Les autres 5 centimes sont affectés à la création ou à l'alimentation d'un fonds de secours.

La cotisation doit être payée le lundi de chaque semaine ou pour plusieurs semaines d'avance. Le non-paiement de la cotisation entraîne ou une amende, ou la suspension du droit au secours de maladie, ou la radiation.

Les amendes encourues sont exigibles avant la cotisation.

Le Conseil peut, après enquête, modérer le chiffre des amendes encourues ou même en faire la remise totale.

Le minimum de la cotisation des membres honoraires est fixé par les statuts, de même que le versement unique, effectué en plusieurs ou une fois, qui peut donner droit au titre de membre honoraire perpétuel.

Le titre de membre honoraire peut être décerné par la Société à toute personne qui aura, pendant un minimum de ..... années, payé la cotisation de plusieurs enfants reconnus indigents par le Conseil.

II. *Fonds de secours*. — Le fonds de secours est constitué :

1° Par la partie des cotisations des membres participants (généralement 5 centimes par semaine) affectée à cet objet.

2° Par les cotisations des membres honoraires ;

3° Par le produit des amendes ;

4° Par les fonds placés et les intérêts échus ;

5° Par les dons et legs et les subventions diverses qui ne sont pas destinés aux fonds communs de retraite ;

6° Et, en général, par toutes les ressources de la Société qui n'ont pas une affectation spéciale.

Comme l'indique son nom ce fonds est spécialement destiné au service des indemnités de maladie et de secours.

Mais les autres dépenses — frais de propagande, frais d'imprimés ou d'administration — sont également imputées à ce compte.

Les sommes appartenant à ce fonds peuvent se trouver :

1° En espèces dans la caisse du trésorier ou des trésoriers jusqu'à concurrence d'un chiffre fixé par les statuts.

2° Aux caisses d'épargne[1].

3° En compte courant à la Caisse des dépôts et consignations.

III. *Fonds commun de retraites.* — Un fonds commun inaliénable de retraites peut être créé en vertu des dispositions de la loi du 1er avril 1898. Si les statuts en prévoient la constitution ce fonds est formé :

1° Par le produit des 5 centimes hebdomadaires affectés à cet objet, lorsqu'ils ne sont pas destinés au *Livret individuel.*

2° Par les prélèvements spéciaux faits par la Société sur les sommes libres (économies réalisées) au fonds de secours.

3° Par les subventions accordées par l'État pour l'accroissement du fonds commun.

4° Par les dons et legs qui sont reçus par la Société avec cette affectation.

Ce fonds est destiné à constituer des pensions de retraite aux sociétaires âgés de plus de 50 ou 55 ans et ayant fait partie de la Société pendant 15 ans au moins.

e). — OBLIGATIONS DE LA SOCIÉTÉ ENVERS LES SOCIÉTAIRES

I. *Secours de maladie.* — Après un stage de 3 mois et l'admission définitive et jusqu'à l'âge de[2] ... une indemnité de 0 fr. 50 par jour pendant le 1er mois et de 0 fr. 25 par jour pendant les deux mois suivants, est payée aux sociétaires malades ou à leurs parents s'ils sont mineurs.

1. Les facilités accordées aux Sociétés de secours mutuels par la loi du 7 juillet 1900, leur permettant d'opérer désormais par l'entremise des percepteurs et des receveurs des postes, à la Caisse des dépôts et consignations, des dépôts et retraits de fonds, il n'y aura plus lieu d'avoir recours aux Caisses d'épargne que pour le strict nécessaire des besoins courants.

2. De 18 ou 20 ans généralement.

Lorsque la maladie se prolonge plus de trois mois, le Conseil décide si une indemnité peut être encore accordée; il en fixe la quotité selon les ressources de la Société.

La Société ne doit aucune indemnité pour les accidents tombant sous l'application de la loi du 9 avril 1898. Dans tous ces cas, et pour tout autre accident provenant du fait d'un tiers responsable, le sociétaire s'engage à subroger la société dans ses droits contre ce tiers, jusqu'à concurrence des dépenses exposées par elle.

Aucune indemnité n'est due : pour une indisposition de moins de 4 jours; pour une maladie réputée chronique; pour une maladie résultant de la débauche ou de l'intempérance; non plus que pour les blessures reçues dans une rixe, si le blessé a été l'agresseur, ou dans une émeute à laquelle il aurait pris une part volontaire.

Le paiement de l'indemnité de maladie s'effectue, en général, au siège de la Société : sur la présentation du livret en règle, sur l'attestation par le médecin de l'état de maladie et de sa durée.

Aucun secours n'est accordé pour cause de chômage ou pour tout autre cause non prévue par les statuts.

II. *Retraites ou pensions viagères.* — Les Mutualités scolaires assurent à leurs membres des pensions de retraite dont le montant est — nous l'avons dit — en raison directe des versements et des années de sociétariat et en raison inverse de l'âge d'admission dans la Société. Ces sociétés peuvent adopter pour la constitution des pensions de leurs membres, l'un des trois modes ci-après :

A) *Le Livret individuel* sans fonds commun.

B) *Le livret individuel et le fonds commun simultanément.*

C) *Le fonds commun* sans livret individuel.

Expliquons ces trois formules :

A) La première méthode, le *livret individuel* sans fonds commun ne se pratique généralement pas.

Dans ce cas, non seulement les 5 centimes hebdomadaires affectés à la retraite seraient exclusivement versés au livret individuel — ce qui est possible — mais encore, en fin d'année, les sommes non employées en secours et provenant des 5 centimes affectés au fonds de secours, seraient réparties en totalité ou en partie entre les livrets individuels.

Ce système présente les inconvénients :

1° De supprimer le fonds commun qui est un des éléments les plus importants de vie d'une Mutuelle et même sans lequel, à proprement parler, il ne saurait y avoir de Société.

« Les Sociétés de secours mutuels sans fonds commun n'of-« friraient-elles pas l'image d'abeilles sans ruche? Le partage « annuel des bénéfices répartis sur les livrets individuels n'au-« rait-il pas quelque analogie avec l'éventrement de la poule aux « œufs d'or[1]? ».

2° D'employer pour la constitution des retraites le moyen le moins avantageux financièrement, puisque les fonds du *livret indi-viduel* ne se bonifient qu'au taux de 3 fr. 50 0/0, tandis que les sommes versées au fonds commun se capitalisent à 4 fr. 50 0/0.

D'où un bénéfice de 1 0/0 d'intérêt en faveur du fonds commun.

Alors que, au taux de 3 fr. 50 0/0, il faut 2.875 francs pour assurer une pension de 100 francs, il suffit de 2.222 francs au taux de 4 fr. 50, pour obtenir la même pension : c'est une économie de 635 francs.

B) La seconde méthode — *existence simultanée du livret individuel et du fonds commun* — est celle qu'ont adoptée la généralité des mutualités scolaires.

Les unes versent sur les livrets *individuels* le produit total des 5 centimes hebdomadaires affectés à la retraite, et le fonds commun n'est alimenté que par les bénéfices réalisés sur le fonds de secours et par les autres ressources sociales, s'il y en a.

Les autres n'affectent aux livrets individuels qu'une partie du produit de ces 5 centimes, le reste étant versé au fonds commun.

Enfin, quelques-unes versent entièrement au fonds commun les 5 centimes de la retraite, plus les bénéfices sur les fonds de secours, et exigent une cotisation *minime*, spéciale, pour le livret individuel[2].

C) La 3ᵉ méthode — *fonds commun sans livret individuel* — est la plus avantageuse pour les mutualités scolaires.

Les capitaux constitutifs de pension sont entièrement placés à 4 1/2 0/0.

M. Cavé a traduit dans un graphique fort intéressant des

1. J.-C. Cavé, Communication au Congrès de Montpellier (1900).
2. Ce dernier système est celui qui est prévu dans les statuts modèles édi-tés par le ministère de l'Intérieur.

calculs qui prouvent que, à conditions égales quant aux cotisations, âge et années de sociétariat, le fonds commun donne des pensions bien supérieures au livret individuel.

EXEMPLE : Un enfant verse à la Mutualité scolaire à raison de 4 francs par an pendant quinze ans, de 3 à 17 ans.

Si les conditions faites à la Mutualité restent dans l'avenir ce qu'elles sont aujourd'hui, le sociétaire pourra avoir à l'âge de 55 ans la retraite ci-après, selon que la Société aura employé le mode *du fonds commun* ou du *livret individuel.*

Fonds commun inaliénable, capital réservé au profit de la Société, à 4 1/2 0/0, avec subvention........................ 83, 96

Livret individuel, capital réservé, à 3 1/2 0/0, avec, subvention.. 41, 43

La différence est importante.

Si les versements sont faits de 18 à 32 ans (sociétariat de 18 à 32 ans) la pension serait :

> Dans le 1er cas (Fonds commun) de.......... 36, 07
> Dans le 2e cas (Livret individuel) de......... 20, 73

De 33 à 47 ans (sociétariat de 33 à 47 ans) la pension serait :

> 1er cas de................................. 13, 85
> 2e cas de................................. 9, 33

Enfin de 48 à 62 ans cette pension serait réduite à :

> 1er cas de................................. 3, 08
> 2e cas de................................. 2, 82

Ces chiffres ne peuvent avoir qu'une valeur d'approximation ; mais ils sont suffisamment démonstratifs en ce qui concerne les avantages du fonds commun.

Ils prouve, de plus, que la pension est d'autant plus élevée que les versements sont commencés plus tôt et continués dans le jeune âge.

« La très rapide décroissance des pensions produites par les mêmes versements annuels aux cours de 4 périodes successives de la vie du travailleur (enfance, jeunesse, âge mûr, vieillesse) démontre clairement l'incontestable excellence de l'œuvre de la retraite pendant la jeunesse et l'adolescence; elle témoigne en même temps de la nécessité de ne pas interrompre les efforts faits en vue de cette même œuvre et des œuvres d'assurance qui en sont le corollaire[1]. »

Car dans le but de s'assurer le bénéfice de cette pension de retraite proportionnelle, aux conditions des articles 23 (§ 2) et 28 de la loi du 1er avril 1898, le sociétaire ayant atteint la limite d'âge[2] (18 à 20 ans), admis ou non dans une Société d'adultes, momentanément sous les drapeaux, ou émigré à titre temporaire ou définitif, peut continuer ses versements à cette fin. Il a alors la faculté de réduire sa cotisation à un chiffre qui est fixé par les statuts (généralement 4 francs), à la condition expresse, toutefois, que sa participation à une autre Société ne lui constitue pas des droits à une pension supérieure à 360 francs ou le remboursement de sommes assurées dépassant le total de 3.000 francs.

En cas de décès du sociétaire, avant l'entrée en jouissance de sa pension, sur la présentation de son acte de décès et la constatation qu'il n'a pas encouru la radiation, la Société verse à celui de ses ayants droit, désigné par ses parents lors de leur adhésion ou par sa propre indication, s'il était devenu majeur, la partie de ses cotisations affectée à la constitution de sa pension.

En aucun cas ce remboursement ne peut comprendre la part des subventions de l'Etat ou des bénéfices sociaux inscrits annuellement, sous une forme ou sous une autre, au compte du sociétaire.

En résumé, les retraites des pensionnaires d'une Mutualité scolaire peuvent avoir deux sources : *le livret individuel* — qui représente l'effort personnel[3] — *le fonds commun* — qui représente l'effort social.

Le montant de la pension de retraite provenant du fonds commun est fixé, pour chacun des bénéficiaires, au prorata de ses années de sociétariat et des économies réalisées par la Société.

La liquidation s'opère suivant les règles et les tarifs dressés par la Caisse nationale des retraites en 1883, sur le taux de 4 1/2 0/0 en vue de ces opérations.

Pour fixer les droits à la retraite de chacun des sociétaires, les économies réalisées, chaque année, au profit du fonds commun inaliénable de retraites de la Société et versés audit fonds, y compris le montant des subventions de l'État[4], sont divisées par le

---

1. J.-C. Cavé.

2. Voir ci-après, p. 22 et 23, ce qui concerne la section des adultes.

3. Le sociétaire peut faire à sa volonté, sur son livret individuel, qui est sa propriété personnelle, des versements particuliers, autres que ceux qui sont faits par la Société.

4. Et les sommes provenant des dons et legs ou autres ressources affectés au fonds commun.

nombre de membres de la Société, et le *quotient* ainsi obtenu, en tenant compte de l'âge du sociétaire, permet d'établir la pension acquise par le sociétaire, au cours de ses années de versement pour l'âge de 50 ou 55 ans sous la condition légale d'un minimum de quinze années de sociétariat.

L'importance de la pension acquise chaque année, sera ainsi variable : elle croîtra avec les bénéfices annuels et aussi en raison des subventions et majorations spéciales qui pourront être attribuées à la Société.

Les pensions provenant du fonds commun sont généralement servies par la Société sur les intérêts de ce fonds.

Les pensions liquidées sont payables par quart aux 1er janvier, 1er avril, 1er juillet et 1er octobre. Le premier terme est payé deux mois après la liquidation sur la présentation du certificat de vie. Toute pension non réclamée au cours de l'exercice est acquise à la Société, une année après son échéance.

En dehors de ces retraites, la Société, sur la proposition du Conseil d'administration et avec l'approbation de l'assemblée générale, peut accorder à ses membres retraités des allocations, non pas viagères, mais variables et annuelles, à prélever sur les ressources disponibles, déduction faite des charges pouvant grever l'avenir de la Société.

III. *Livret de pension mutualiste.* — Après une année de séjour dans la Société, le sociétaire *peut être* mis en possession d'un *Livret de pension mutualiste* qui comportera l'indication des droits éventuels à la retraite annuellement acquis par lui. Ce livret sera, dans tous les cas, remis à chacun des sociétaires contraints, pour cause de force majeure, d'abandonner la Société.

Le livret de pension mutualiste, remis à tous les émigrants, relatera, en outre, sur leur demande, la nature et la durée des services qu'ils auront pu rendre à la Société dont ils se séparent.

Ce livret, arrêté lors du départ de l'intéressé, indiquera, année par année, la pension éventuelle à laquelle il aura droit à l'âge fixé et sera revêtu d'un visa du Préfet, ou du Ministère de l'Intérieur, pour le département de la Seine, constatant que la Société possède un fonds commun garantissant le service de la pension.

IV. *Section d'adultes.* — A partir de l'âge de... le sociétaire pourra continuer à faire partie de la Société comme membre d'une section spéciale dite des *adolescents* ou des *adultes*.

Dans ce cas, les statuts déterminent la cotisation à payer par le sociétaire, les droits en résultant pour lui et les charges pour la Société.

Cette section des adultes peut poursuivre les mêmes buts (secours, retraites) que la section enfantine, ou ne viser que la constitution d'un capital-retraite.

Rien n'est plus important pour le sociétaire que de continuer ses versements en vue de la retraite afin d'obtenir le maximum possible.

f) — TRÉSOR D'AVENIR

Un fonds spécial, dit *Trésor d'avenir*, peut être créé et affecté aux services spéciaux visés ci-dessus, page 10, §§ A et B[1].

Ce fonds se composera :

1° D'une cotisation spéciale de 0 fr. 05 par mois, versée par tous les membres participants.

2° De la cotisation des membres honoraires affectée par ces derniers à ces services.

3° Des dons et legs faits dans le même but et dont l'acceptation aura été autorisée dans les formes prévues par la loi du 1er avril 1898.

g) — DOTATION

Le sociétaire qui désirera contracter l'assurance prévue par la disposition D (page 11) — si les statuts prévoient ce service — devra verser une cotisation supplémentaire de.....[2] par semaine.

Tous les fonds qui ont une affectation spéciale font l'objet de comptes spéciaux. Ils sont déposés à la Caisse des dépôts et consignations.

h) — COMPTES RENDUS ANNUELS

MODIFICATION DES STATUTS — DISSOLUTION — LIQUIDATION

Dans les deux premiers mois de chaque année, le secrétaire et le trésorier sont tenus de dresser le compte rendu moral et financier de la Société, indépendamment des statistiques exigées par

---

1. Ces services accessoires sont facultatifs, mais les plus utiles entre tous sont ceux qui ont pour objet de préparer les jeunes gens à leur vie de travailleurs (cours professionnels) et de les aider à se créer une situation sortable (office de placement).

2. 0 fr. 10 à 0 fr. 50.

l'article 7 de la loi du 1er avril 1898, confirmant les prescriptions de la loi du 30 mars 1892.

Les statuts ainsi que toutes les modifications qui pourraient être votées par l'assemblée générale doivent, avant leur application, recevoir l'approbation de M. le Ministre de l'Intérieur.

Tout changement dans les statuts ou dans la direction de la Société est notifié et publié selon les formes indiquées à l'article 4 de la loi du 1er avril 1898.

La Société ne peut se dissoudre d'elle-même que dans le cas d'insuffisance d'actif. La dissolution ne peut être prononcée que par une assemblée générale, spécialement convoquée à cet effet et par un nombre de voix égal aux deux tiers de celui des membres ayant voix délibérative et de la moitié des membres inscrits.

Dans le cas d'inexécution des statuts ou de violation des dispositions de la loi du 1er avril 1898, l'approbation peut être retirée par un décret rendu en Conseil d'État sur la proposition motivée du Ministre de l'Intérieur. et après un avis du Conseil supérieur des Sociétés de secours mutuels.

Dans tous les cas de dissolution la liquidation s'opérera dans les conditions prescrites par l'article 31 de la loi du 1er avril 1898.

C. — Résultats

Comme on ne peut juger de l'arbre que par le fruit, il est bon de se demander quels résultats ont déjà donnés les Mutualités scolaires et quels sont ceux qu'elles peuvent donner, selon toute probalité, dans l'avenir.

Ceci est la partie délicate de notre tâche, car s'il est facile de rendre tangible pas des chiffres l'importance des *faits acquis*, il est peu prudent de s'aventurer dans le domaine des prévisions, et d'escompter mathématiquement des *faits attendus* qui sont la résultante de circonstances variables.

Il est difficile notamment de fixer par des nombres précis la valeur de la pension viagère que pourra servir à ses sociétaires une Mutualité scolaire. Mais il est possible pourtant d'en évaluer approximativement le montant en se servant des tables de capitalisation de la *Caisse nationale des retraites pour la vieillesse*, et en supposant que les conditions faites à la Mutualité resteront dans l'avenir ce qu'elles sont aujourd'hui.

Ce chapitre se divise donc en deux parties : *Les résultats certains ou immédiats. — Les résultats éventuels ou résultats attendus.*

a) — RÉSULTATS ACQUIS ET RÉSULTATS IMMÉDIATS

Pour montrer combien peut être rapide la prospérité d'une Mutuelle scolaire, prenons comme exemple « la société-type » créée à Paris dans le XIX⁰ arrondissement par M. Cavé.

« En 19 ans les sociétaires ont versé à peu près 180.000 francs. Si les sommes versées à la Société avaient été placées chez un banquier, elles auraient produit environ 33.000 francs d'intérêts. De sorte que les 180.000 francs seraient devenus 213.000 francs

« Eh bien, la Société a dépensé en frais de maladie et autres 78.000 francs, et il lui reste 244.000 francs ; c'est-à-dire 31.000 fr. de plus que le total qu'on aurait obtenu chez un banquier!

En somme les 180.000 francs des sociétaires ont produit une somme de 244.000 francs + 78.000 francs soit 322.000 francs, tandis que le placement de ces 180.000 francs à l'intérêt normal n'aurait donné que 213.000 francs.

Les mutualistes ont donc réalisé du fait de leur réunion en Société, un bénéfice de 109.000 francs.

N'est-ce point merveilleux !

La Grande Cavé de l'Ardèche, de création plus récente — 1ᵉʳ janvier 1899 — a eu une croissance tout aussi rapide.

Au 31 décembre 1902 le total des cotisations des membres qu'elle avait encaissées depuis sa fondation s'élevait à 114.015 fr. 55.

Or elle a distribué dans ce même temps, sous forme de secours...........................	25.710 33
Elle a versé aux livrets individuels une somme globale de......................	41.863 »»
Et elle a actuellement :	
en fonds libres..................	18.999 67
en fonds communs de retraites..	72.972 43
C'est-à-dire qu'elle a disposé, depuis sa création, d'une somme de..........	159.545 43

supérieure de plus de 45.000 francs au produit total des cotisations ou sacrifices consentis par les sociétaires.

En d'autre termes, le versement de 5 fr. 20 de chaque sociétaire devenait, dans l'Ardèche, grâce à la Mutualité et par celle-ci, une somme de 7 fr. 30 au compte de chaque mutualiste.

Il résulte encore de ces chiffres que non seulement cette Société a pu payer plus de 25.000 francs d'indemnités de maladie, sans diminuer son avoir, mais qu'elle a eu environ, en résultat final, 20.000 francs de plus que ce qu'elle avait demandé à ses sociétaires.

La Société scolaire de secours mutuels et de retraite de la Haute-Loire, fondée également en 1899, a recueilli jusqu'au 31 décembre 1902, 14.212 fr. 45 sous forme de cotisations diverses; elle a payé 3.726 fr. 25 pour secours de maladie.

Elle a versé 4.656 francs sur les livrets individuels de retraite pour la vieillesse et il lui reste en capital libre 6.181 fr. 36.

— Cette Société ne se constitue pas de fonds communs de retraites. —

Depuis sa fondation (2 avril 1900) la Mutualité scolaire de la circonscription de Mende a encaissé un total de cotisations (honoraires et participants) de 2.449 fr. 50.

Elle a payé 429 fr. 50 en secours de maladie. Les sommes inscrites pour *les livrets individuels* s'élèvent, au 31 décembre 1902, à 870 francs. Il reste en fonds libres 526 fr. 33 et au fonds commun de retraites 1.350 fr. 43.

Celle de Saint-Maurice-de-Ventalon a reçu sous forme de cotisations 1.025 francs; elle a payé pour maladie 30 francs, a fait inscrire sur les livrets individuels 489 francs et a 24 francs en fonds libres et 668 fr. 30 fonds commun de retraites.

Voilà pour les résultats collectifs obtenus par quelques Sociétés de fondation récente. Ces résultats font présager de ce que pourront être les Mutualités scolaires dans l'avenir.

Quant aux résultats individuels, c'est-à-dire particuliers à chaque sociétaire, ils peuvent s'établir ainsi dans toutes les sociétés qui affectent moitié de la cotisation au fonds de secours, moitié au livret individuel de retraite.

« La Société reçoit des enfants 0 fr. 10 par semaine, soit par an $52 \times 0,10 = 5$ fr. 20.

« La moitié de cette somme est versée sur le livret individuel de retraite du sociétaire, ci 2 fr. 60.

« Cinq centimes par semaine restent donc seulement pour le fonctionnement de la Mutualité. Or l'expérience a démontré que les enfants fournissent, en moyenne, 2 jours 1/2 à trois jours de maladie par an; d'autre part, grâce au concours désintéressé des instituteurs, les frais d'administration sont fort minimes et les dépenses totales, de ce double chef, ne dépassent par 1 fr. 30 par an.

« L'excédent, 1 fr. 30, est déposé au fonds commun de retraite, et, aux termes de la loi, ce versement appelle une subvention de l'État fixée à 1 franc par tête de sociétaire, plus un quart de la somme versée $\dfrac{1 \text{ fr. } 30}{4} = 0$ fr. 30[1].

« Ensemble 1 fr. 30.

« Cette subvention couvre donc le montant des dépenses de façon que, en réalité, les indemnités de maladie et les frais d'administration n'ont rien coûté, ni à la Société ni au sociétaire et que le total des cotisations versées par l'enfant se trouve ainsi reconstitué, 5 fr. 20.

« Ajoutons enfin que les économies réalisées sont encore grossies par les cotisations des membres honoraires, par les dons, legs, etc [2]. »

En définitive, tout ceci peut être résumé sous cette forme :

Le sociétaire qui ne verse que 5 fr. 20 par an touche toutes les indemnités de maladie qui lui sont dues et est cependant considéré comme ayant versé 5 fr. 20 au moins, très souvent d'avantage, pour sa retraite.

N'est-ce pas encore un résultat qui dépasse toutes les espérances !

b) — RÉSULTATS ATTENDUS OU ÉVENTUELS

Nous visons ici les retraites ou pensions viagères faites par les mutualités scolaires et qu'aucune d'elles n'a eu encore à constituer parce que toutes sont d'institution relativement récente.

Quel peut être le chiffre de cette pension ?

La réponse est difficile à faire avec précision, ainsi que nous l'avons déjà dit.

On a calculé qu'un enfant qui verserait régulièrement ses cotisation de 3 à 18 ans et qui sortirait ainsi de la Mutualité après 15 ans de sociétariat, pourrait avoir, à 55 ans, une retraite dont les éléments seraient ainsi formés :

1. *Pension viagère obtenue pour l'âge de 55 ans par les verse-*

1. En général, les frais de maladie sont moins élevés qu'on ne le suppose ici ; par suite les bénéfices faits par les Sociétés et versés au fonds commun sont supérieurs à 1 fr. 30 en moyenne.

Mais. pour ne pas changer les bases sur lesquelles ont été généralement établies jusqu'ici les prévisions concernant l'avenir des Mutualités scolaires, ensuite pour ne pas faire concevoir des espérances qui pourraient être taxées de présomptions mal fondées ; pour rester, en un mot, au dessous de la vérité et avoir par devers nous toutes les chances de réalisation, nous prendrons les prévisions ci-dessus comme bases de nos calculs.

2. J.-C. Cavé.

*ments ordinaires annuels faits de 3 à 18 ans, dans une mutualité
scolaire* [1].

	DU FONDS SOCIAL (à capital réservé,	DU LIVRET INDIVIDUEL (à capital aliéné)
3 ans....................	4,498	3,498
4 —	4,186	3,255
5 —	3,926	3.053
6 —	3,666	2,851
7 —	3,458	2,689
8 —	3,250	2,257
9 —	3,068	2,386
10 —	2,912	2,264
11 —	2,156	2,143
12 —	2,620	2,037
13 —	2,496	1,941
14 —	2,366	1,840
15 —	2,236	1,739
16 —	2,106	1,638
17 —	2,028	1,577
18 —	1,924	1,496
Totaux...........	47,496	36,934
Total général.........	84 fr. 43	

Si les versements sur le *Livret individuel* étaient faits dans les
Mutualités scolaires à capital aliéné, ainsi qu'on le prévoit ci-
dessus, ce ne serait là qu'un minimum toujours dépassé, car :

« 1° Le sociétaire continuera le plus souvent ses versements
après l'âge de 18 ans.

« 2° Le fonds social est alimenté, en outre, par des subventions
ministérielles destinées à l'augmentation des pensions de retraite. »

Mais dans la généralité des Mutualités scolaires, ces versements
sont faits à *capital réservé*.

Dans ce cas, M. Cavé établit ainsi qu'il suit les bases de la
pension :

II. *Pension viagère obtenue par les mêmes versements de 3 à
55 ans.*

« On nous demande souvent de préciser exactement l'importance de la rente produite par le versement hebdomadaire de 0 fr. 10
fait à la Société.

« On ne se souvient pas assez que nos Sociétés sont d'abord
des associations de secours mutuels, que, par suite, le montant
des économies et celui de la pension de retraite seront propor-

1. D'après M. C. Frabler, Instituteur à Paris (*l'École Nouvelle*).

tionnés non seulement à l'âge d'entrée dans la Société, mais encore aux dépenses de maladie, au nombre des membres honoraires, aux frais d'administration, au montant des subventions, au nombre des décès, des défections, abandons, etc., etc.

« Autant de bases variables, sur lesquelles il serait fort périlleux de vouloir établir des calculs. Nous pouvons cependant, mais à titre de probabilité seulement, et à l'aide des renseignements purement locaux dont nous disposons, augurer qu'un enfant entré dans la société dès l'âge de trois ans, et qui aurait régulièrement acquitté ses cotisations jusqu'à l'âge de cinquante-cinq ans, fixé pour la retraite, pourrait jouir à cet âge d'une pension de retraite susceptible d'atteindre le chiffre de 130 à 135 francs.

« Il aurait donc, pendant ce laps de temps, versé un total de cotisation s'élevant à environ 270 francs, dont la moitié, placée à capital réservé, 135 francs, serait remboursée à ses héritiers, et dont le surplus, 135 francs, joint aux intérêts composés de la somme remboursée, produirait presque un franc de retraite pour chaque franc versé.

« On s'étonnera moins de ce merveilleux résultat si l'on se souvient que, comme nous l'expliquons plus haut, chaque franc économisé est doublé par une égale subvention, que l'économie et la subvention profitent toutes deux du taux exceptionnel de 4 1/2 ; qu'en réalité nos économies nous rapportent donc 9 p. 0 0 par an, taux au moyen duquel le capital économisé se multipliera plus de 30 fois jusqu'à l'âge de la retraite[1]. »

Ce chiffre de 135 francs est, à notre avis, un minimum qui sera certainement dépassé. Il serait de 148 francs environ d'après les calculs ci-après dans les sociétés qui constituent, nous le répétons, leurs retraites simultanément par le livret individuel et par le fonds commun : soit, d'après les calculs qui précèdent. (Voir ci-dessus.)

— Par 2 fr. 60 affectés annuellement au livret individuel.

— Par 2 fr. 60 versés au fonds commun et provenant des bénéfices réalisés sur le fonds de secours, grossis des subventions.

Calculons approximativement la retraite obtenue par ces deux moyens :

Rente provenant du livret individuel : capital réservé.

Supposons un sociétaire entrant dans la Mutualité scolaire à l'âge de 3 ans et pour lequel la Société verse, en moyenne, annuel-

1. J.-C. Cavé.

lement 2 fr. 60 sur le livret individuel[1], à capital réservé, tant dans la section enfantine que dans la section des adultes, jusqu'à l'âge de 55 ans.

Ces 52 versements lui assurent :

1° La rente qu'obtiennent tous les versements semblables, hors de la Mutualité, aux conditions ordinaires de la Caisse nationale des retraites[2] (taux 3 1/2 0/0), soit $11,9032 \times 2,600 = 30$ fr. 95.

2° Le supplément de rente éventuel provenant des subventions *proportionnelles* de l'État[3] — lesquelles, sur les bases que nous indiquons ci-après (au § subvention), seront de 1 fr. 65 pour les 2 fr. 60 versés au livret individuel — lequel supplément de rente peut être évalué à :

$$11,9032 \times 1,65 = 19 \text{ fr. } 65.$$

3° Une bonification de pension destinée à compenser, en partie, la réduction du taux d'intérêt de 4 1/2 à 3 1/2 — qui d'après les barèmes établis, appliqués aux chiffres qui précèdent peut être de 7 ou 8 francs.

Du chef du livret individuel le sociétaire pourra donc avoir une retraite de : $30,95 + 19,65 + 8 = 58$ fr. 60.

Retraite provenant du fonds commun.

Le même sociétaire devra être crédité annuellement par la société de la somme lui revenant dans la répartition des bénéfices de l'année, somme qui ne sera certainement pas inférieure à 2 fr. 60, ainsi que l'établissent les prévisions ci-dessus, mais presque toujours supérieure.

---

1. Chaque versement doit être de 1 franc au moins et sans fraction. Il n'est donc pas possible de faire des versements de 2 fr. 60 au livret individuel. Ces versements annuels seront, par suite, de 2, 3, 4 francs ou même supérieurs. Mais la moyenne sera forcément de 2 fr. 60.

2. Nous conseillons aux instituteurs de demander, dans un bureau de poste, le Bulletin de la Caisse nationale des retraites pour la vieillesse. Il leur sera délivré gratuitement. Ils peuvent encore écrire à M. le Directeur général de la Caisse des dépôts et consignations à Paris (en franchise) et demander, moyennant 2 fois 15 centimes, l'*Extrait détaillé à l'usage des déposants et desintermédiaires* des instructions concernant la Caisse nationale des retraites pour la vieillesse et le tarif au taux de 3 1/2 de cette caisse.

3. Le régime de répartition de ces subventions est encore à l'étude : mais comme les versements sur livrets individuels sont assimilés aux versements au fonds commun, quant aux droits à subvention, il convient d'en tenir compte ici. (*Loi du 1er avril 1898, art. 21. — Décret du 30 avril 1900.*)

Or ces sommes restent dans le fonds commun qui, placé à la Caisse des dépôts et consignations, capitalise à 4 1/2 0/0.

Tout se passe comme si chaque année le sociétaire versait 2 à 3 francs pour se constituer une pension de retraite à 4 1/2 0/0 à la Caisse nationale de retraites.

« Pour la constitution de leurs pensions les Sociétés de secours « mutuels sont, en effet, exactement dans les mêmes conditions « que la Caisse nationale des retraites, quant aux chances de « survie et autres éléments d'évaluation et même, en tenant « compte d'autres facteurs importants comme les abandons, les « cotisations des membres honoraires, etc..., les mutualités sco- « laires sont virtuellement autorisées à compter sur des pensions « supérieures à celles liquidées par la Caisse nationale des re- « traites [1]. »

D'après les calculs de M. Cavé, dans le graphique dont il a été déjà parlé (p. 20), ces versements faits entre l'âge de 3 ans et celui de 55 ans (capital réservé, taux de 4 1/2 0/0) produiraient une rente qui peut atteindre 90 fr. 30.

Au total, la pension viagère que peut espérer tout membre d'une mutualité scolaire du 1er type créé par M. Cavé (2 fr. 60 au livret individuel, 2 fr. 60 au fonds de secours et les bénéfices en résultant au fonds commun), est donc la suivante :

Pension provenant du livret individuel......	58,60
Pension provenant du fonds commun.......	90,30
Total.................	148,90

Cette pension sera naturellement supérieure à ce chiffre, si, dans la section des adultes, chacun des versements annuels faits sur livret individuel ou chacune des sommes portées au compte du sociétaire (fonds commun) est supérieur à 2 fr. 60.

Il va de soi que si les statuts prévoyaient l'aliénation de tout ou partie des versements au livret individuel [2] la pension serait évidemment plus élevée.

Enfin, si, aux versements mutualistes, s'ajoutaient des versements personnels (soit à capital réservé, soit à capital aliéné) la retraite en résultant grossirait en proportion de l'importance de ces versements.

---

1. Communication de M. J.-C. Cavé au Congrès de Montpellier (1900).
2. La loi ne permet pas l'aliénation du capital provenant du fonds commun.

A titre de récapitulation nous avons dressé le tableau ci-après :

Retraite prévue dans une Mutualité scolaire, pour l'âge de 55 ans, par les 2 fr. 60 affectés annuellement au livret individuel et les 2 fr. 60 inscrits annuellement au compte de chaque sociétaire (fonds commun).

	CAPITAL RÉSERVÉ	CAPITAL ALIÉNÉ
Provenant du livret individuel (3 $^1/_2$ avec subvention)........................	58,60	70,05
Provenant du fonds commun (4 $^1/_2$ avec subventions)........................	90,30	à capital réservé. 90,30
Totaux.....................	148,90 [1]	160,35

III. *Comment peut-on se constituer une retraite de 360 francs.* — Ce qui précède nous permet d'établir par quels moyens un sociétaire d'une Mutualité scolaire peut se constituer, pour l'âge de 55 ans, une pension viagère et annuelle de 360 francs.

Nous n'avons pas à dire ici quelles raisons d'ordre économique et social militent en faveur de l'institution des *retraites ouvrières*, ni pourquoi chacune de ces pensions alimentaires devrait être de 360 francs au moins.

Nous n'avons pas à prendre cause dans une question qui ne relève pas de notre compétence ; mais ce que nous devons dire, c'est que, si les retraites ouvrières sont instituées, l'État ne saurait ni créer, ni trouver d'organisme mieux fait, pour les préparer et les servir, que les Mutuelles en général et les Mutualités scolaires en particulier, et cela sans aucune dépense ou en tout cas à peu de frais.

Nous venons de voir que, au moyen de la Mutualité scolaire, tout père de famille, soucieux de l'avenir de ses enfants, peut leur donner le moyen [d'assurer leurs vieux jours par une rente viagère qui pourra être de 148 francs à l'âge de 55 ans.

1. Nous répétons que ces chiffres ne peuvent avoir aucune précision mathématique. Mais, dans leur approximation, ils présentent un grand intérêt.

Pour ceux-là il resterait à constituer un supplément de rente de 212 francs.

Ce supplément peut-être obtenu de deux manières :

1° Le sociétaire peut faire des versements supplémentaires personnels sur le livret individuel dont il est déjà nanti, à toute époque de sa vie, annuellement ou accidentellement, pour élever sa pension à 360 francs.

2° Il peut affilier à plusieurs mutualités pour cumuler plus tard les pensions qui lui viendront de chacune d'elles[1].

Il est vrai que cette affiliation à des Sociétés de même genre, mais qui, néanmoins, peuvent être très différentes entre elles, peut compliquer la situation du sociétaire au point de rendre peu claire pour son esprit la notion de ses charges et de ses droits.

Aussi, nous semble-t-il, que le moyen le plus simple, bien que plus onéreux, serait, pour ceux qui peuvent l'employer, de faire des versements supplémentaires *personnels* au livret individuel. Ceci pourrait être appelé *l'effort personnel hors de la Mutualité*. Dans ce cas, le complément de rente de 212 francs pourrait être obtenu par l'inscription annuelle sur ce livret d'une somme supplémentaire de 12 fr. 40, faite de l'âge de 3 ans à l'âge de 55 ans, à *capital aliéné*, ou de 17 fr. 80 à capital réservé.

Ainsi, avec un sacrifice de :

      5,20 (Mutualité)

    17,80 (Versement personnel)

soit... 23,00 par an — qui serait réduit à 21 fr. 80 dans la section des adultes — tout sociétaire pourrait actuellement, dans les conditions ci-dessus, s'assurer une rente de 360 francs pour ses vieux jours, le capital versé devant être, à sa mort, remboursé intégralement à ses héritiers[2].

Ajoutons que ce résultat peut être encore obtenu soit par un versement unique à un âge quelconque, soit par des versements variés et à des époques variables, à capital réservé ou à capital aliéné.

Ainsi, par un versement unique de 284 francs à capital aliéné, fait sur la tête de son enfant âgé de 3 ans, un père de famille pourrait assurer à celui-ci une rente de 212 francs avec jouissance à 55 ans.

Il suffirait d'un versement de 482 francs dans les mêmes conditions, pour lui constituer une rente de 360 francs.

---

1. Dans cette dernière hypothèse, la loi ne permet pas de recevoir, sous forme de *retraites mutualistes cumulées*, plus de 360 francs de rente au total.

2. Pour obtenir cette pension de 360 francs hors de la mutualité, il faudrait un versement annuel (de 3 à 55 ans) à *capital réservé* de 3 fr. 25. La différence est importante.

Les *Instructions* et *Tarifs de la Caisse nationale des retraites* permettent à toute personne de calculer exactement elle-même, d'après son âge, la rente qu'elle peut obtenir par des versements déterminés ou, inversement, les versements nécessaires pour obtenir une rente déterminée.

Ajoutons que « tout titulaire d'un *livret* de la *Caisse nationale des retraites*, réduit à l'incapacité absolue de travailler, peut être mis en possession, avant l'âge d'entrée en jouissance, d'une rente proportionnelle à son âge et à ses versements. Cette pension peut être bonifiée par une subvention de l'Etat[1]. »

IV. *Résumé.— Etat comparatif des trois moyens de se constituer une pension.* — Ce que nous venons de dire sur les rentes viagères constituées par les Mutualités pourrait, synthétiquement, être rangé sous les trois rubriques suivantes :

a) Pension provenant de l'effort social dans la Mutualité (fonds commun de retraite).

b) Pension provenant de l'effort individuel dans la Mutualité (livret individuel de retraite).

c) Pension provenant de l'effort personnel hors de la Mutualité (versements facultatifs sur le livret individuel).

On a vu que ces trois moyens de se constituer une pension ne sont pas également favorables au sociétaire.

Tandis que 2 fr. 60 versés annuellement par la Société au fonds commun, au bénéfice du sociétaire, de 3 à 55 ans (le capital est réservé), produisent une rente de.................. 90 fr. 30

— 2 fr. 60 versés par la Société sur le livret individuel du sociétaire (pendant le même temps et toujours à capital réservé) ne produisent plus que....................... 58 fr. 60

— 2 fr. 60 versés facultativement par le sociétaire, et sans l'intervention de la Société, sur ce livret (dans les même conditions) n'assurent plus qu'une rente de................... 30 fr. 95

La différence est sensible et toute à l'avantage des deux premiers moyens.

Cela tient à ce que les versements faits par la société, soit au fonds commun de retraite, soit au livret individuel sont subventionnés, tandis qu'aucune subvention ne bonifie — et cela se comprend — les versements faits par un particulier à son livret de retraite.

« Ces subventions de l'État s'ajoutent chaque année aux versements des mutualistes. Le chiffre en est quelque peu variable. »

1. Les versements sur Livret individuel ne le sont pas encore, mais le seront à l'avenir.

D. — Subventions de l'État

I. *Subventions proportionnelles.* — Les subventions proportionnelles aux versements faits par les Sociétés à leur fonds commun, sont accordées par le Ministre de l'Intérieur, en vertu des décrets du 28 novembre 1853, du 26 avril 1856, et de la loi du 1er avril 1898.

Chaque subvention est établie d'après les éléments ci-après :

1° Le quart du versement ;

2° Un franc par membre participant ;

3° Un franc par membre participant âgé de plus de 55 ans.

« Toutefois, la subvention ne peut dépasser le chiffre du versement. Lorsque le nombre de membres participants est égal ou inférieur à 1.000, elle n'excède pas 3.000 francs. Si le nombre de membres participants est supérieur à 1.000, elle peut être égale au nombre des membres participants multiplié par 3 sans aller cependant, en aucun cas, au delà de 10.000 francs[1]. »

En tenant compte de toutes ces données, on a trouvé que la moyenne de la subvention de l'Etat, pour 1 franc de versement au fonds commun par les mutualités scolaires, a été de 0,78 en 1900, sur l'ensemble des opérations[2].

II. *Subventions provenant des fonds prescrits des caisses d'épargne.* — A cette subvention s'en ajoute une autre provenant de la répartition des fonds prescrits des caisses d'épargne, en vertu de l'article 20 de la loi du 20 juillet 1895. Pour les Sociétés ne servant pas de pension supérieure à 360 francs, la subvention moyenne par membre participant a été de 0 fr. 2072 en 1900[3].

Si les sociétés versaient de leurs fonds propres chaque année et pour le compte de chaque sociétaire, au fonds commun une somme de 2,60, ce versement appellerait un ensemble de subventions qui seraient de : 0,78 × 2,60 + 0,2072 = 2 fr. 4872.

Les 2 fr. 60 provenant de la Société deviendraient ainsi :

$$2,60 + 2,4872 = 5 \text{ fr. } 0872.$$

Ces chiffres ne sauraient être pris comme rigoureusement

1. J. Barberet, Commentaire de la loi du 1er avril 1898.

2. et 3. Rapport du Ministre de l'Intérieur sur les opérations des Sociétés de secours mutuels pendant l'année 1900.

exacts, car les moyennes qui ont servi de base à ces calculs peuvent varier.

Mais les probabilités sont plutôt favorables à une augmentation qu'à une diminution de ces moyennes.

Enfin il faut dire que ces subventions de l'État peuvent, par une clause inscrite dans les statuts, être attribuées au fonds commun, et non au livret individuel de retraite.

III. *Majorations de pensions.* — Mais ce n'est pas tout : un crédit annuel voté par les Chambres « est affecté à la majoration des rentes viagères constituées *au profit des titulaires de livrets individuels* de la Caisse nationale des retraites pour la vieillesse et des membres des Sociétés de secours mutuels ou de toute autre Société de secours ou de prévoyance, servant des pensions de retraite... » (Loi du 31 décembre 1895).

Cette majoration peut être accordée à ceux qui on fait acte de prévoyance, soit par le paiement de 25 cotisations régulières dans une Société de secours mutuels, soit par 25 versements à leur livret individuel, et qui se trouvent dans les conditions d'âge indiquées par la loi.

Mais elle n'est accordée qu'aux personnes justifiant qu'elles ne jouissent pas, « y compris la dite rente viagère, d'un revenu personnel viager ou non, supérieur à 360 francs ».

Enfin si les pensions liquidées par les Sociétés de secours mutuels sont servies par la Caisse nationale des retraites pour la vieillesse, une bonification d'un autre genre s'y ajoute. L'État donne, par exemple, une somme à capital aliéné pour grossir de 7 francs la rente viagère, quand la Société n'a versé que le capital réservé pour obtenir 43 francs de retraite[1].

Cette bonification de la pension est estimée à 14 0/0 de sa valeur[2] et est accordée indifféremment à tous les pensionnaires des Sociétés de secours mutuels qui ont un titre de la Caisse nationale des retraites pour la vieillesse.

IV. *Bonification d'intérêts.* — Cette bonification, dont nous avons eu souvent à parler dans le cours de ce travail, est obligatoire pour l'État.

L'article 21 de la loi du 1er avril 1898 met à la charge du Ministère de l'Intérieur la différence d'intérêt entre le taux de 4 fr. 50 0/0 et le taux de la Caisse nationale des retraites (actuellement

1. Arrêté ministériel en date du 30 avril 1900.
2. A. Dupin : la Mutualité scolaire (*le Volume*).

3 1/2 0/0 pour les capitaux déposés par les Sociétés de secours mutuels approuvées, à la Caisse des dépôts et consignations, soit en comptes courants, soit en fonds de retraite.

V. *L'État pourra-t-il continuer d'accorder ces avantages aux Sociétés de secours mutuels.* — Il en est, parmi nous, qui ont craint que l'État ne succombât bientôt sous ce nouveau fardeau des subventions multiples qu'il promet aux Mutualités. Qu'ils nous permettent de les rassurer en leur donnant quelques preuves.

« La dotation des Sociétés de secours mutuels de tous genres a été bien faible jusqu'ici, puisque, en 18 ans, de 1881 à 1890, les sociétés françaises de mutualité ont reçu à peine 9 millions 1/2 de subventions de l'État, tandis que l'Assistance publique a coûté annuellement 200 millions au budget national.

« Comparez et jugez; en dix-huit ans 9 millions d'une part, 3 milliards 1/2 d'autre part. »

Écoutez maintenant cette réflexion suggestive du commentateur de la loi du 1er avril 1898[1] : « Nous ne croyons pas exagérer « en disant que 10 millions alloués à la Mutualité font plus de « 50 millions versés dans les caisses de l'Assistance publique, car « il est bien rare qu'un assisté ne cherche pas à devenir un habi- « tué de l'Assistance et à s'en faire des moyens continus d'exis- « tence, à devenir un paresseux, un mendiant.

« Les recrues que fait la Mutualité ne deviennent jamais des « clients de l'Assistance publique.

« Or l'assisté reçoit tout et ne donne rien, tandis que l'État « exige des membres des Sociétés de secours mutuels qu'ils s'en- « tr'aident d'abord eux-mêmes pour obtenir ensuite le bénéfice de « ses subsides. »

Quant aux comptes abandonnés des caisses d'épargne, ils augmenteront d'année en année, par la raison bien simple qu'ils doivent naturellement suivre la progression des capitaux déposés. Il y a 30 ans les dépôts aux Caisses d'épargne étaient de 600 million ; ils s'élèvent maintenant à 4 milliards.

Par suite, les subventions provenant de ce chef ne peuvent que devenir de plus en plus importantes.

———

1. J. Barberet, chef du bureau des Institutions de Prévoyance au Ministère de l'Intérieur.

MINISTÈRE
DE L'INTÉRIEUR

DIRECTION
DU PERSONNEL
ET
DU SECRÉTARIAT

BUREAU
DES INSTITUTIONS
DE PRÉVOYANCE

RÉPUBLIQUE FRANÇAISE

LOI

RELATIVE AUX SOCIÉTÉS DE SECOURS MUTUELS
(1ᵉʳ avril 1898.)

Le Sénat et la Chambre des députés ont adopté,
Le Président de la République promulgue la loi dont la teneur suit :

TITRE PREMIER

DISPOSITIONS COMMUNES A TOUTES LES SOCIÉTÉS

ARTICLE PREMIER. — Les sociétés de secours mutuels sont des associations de prévoyance qui se proposent d'atteindre un ou plusieurs des buts suivants : assurer à leurs membres participants et à leurs familles des secours en cas de maladie, blessures ou infirmités, leur constituer des pensions de retraites, contracter à leur profit des assurances individuelles ou collectives en cas de vie, de décès ou d'accidents, pourvoir aux frais des funérailles et allouer des secours aux ascendants, aux veufs, veuves ou orphelins des membres participants décédés.

Elles peuvent, en outre, accessoirement, créer au profit de leurs membres des cours professionnels, des offices gratuits de placement et accorder des allocations en cas de chômage, à la condition qu'il soit pourvu à ces trois ordres de dépenses au moyen de cotisations ou de recettes spéciales.

ART. 2. — Ne sont pas considérées comme sociétés de secours mutuels les associations qui, tout en organisant, sous un titre quelconque, tout ou partie des services prévus à l'article précédent, créent, au profit de telle ou telle catégorie de leurs membres et au détriment des autres, des avantages particuliers. Les sociétés de secours mutuels sont tenues de garantir à tous leurs membres participants les mêmes avantages, sans autre distinction que celle qui résulte des cotisations fournies et des risques apportés.

ART. 3. — Les sociétés de secours mutuels peuvent se composer de membres participants et de membres honoraires; les membres honoraires payent la cotisation fixée ou font des dons à l'association sans prendre part aux bénéfices attribués aux membres participants ; mais les statuts peuvent contenir des dispositions spéciales pour faciliter leur admission, au titre de membres participants, à la suite de revers de fortune.

Les femmes peuvent faire partie des sociétés et en créer ; les femmes mariées exercent ce droit sans l'assistance de leur mari ; les mineurs peuvent faire partie de ces sociétés sans l'intervention de leur représentant légal.

L'administration et la direction des sociétés de secours mutuels ne peuvent être confiées qu'à des Français majeurs, de l'un ou de l'autre sexe, non déchus de leurs droits civils et civiques, sous réserve, pour les femmes mariées, des autorisations de droit commun.

Les sociétés de secours mutuels constituées entre étrangers ne peuvent exister qu'en vertu d'un arrêté ministériel toujours révocable. Par exception, elles peuvent choisir leurs administrateurs parmi leurs membres.

Les membres du conseil d'administration et du bureau des sociétés de secours mutuels seront nommés par vote au bulletin secret.

Les administrateurs et directeurs ne pourront être choisis que parmi les membres participants et honoraires de la société.

Art. 4. — Un mois avant le fonctionnement d'une société de secours mutuels, ses fondateurs devront déposer en double exemplaire : 1° les statuts de ladite association ; 2° la liste des noms et adresses de toutes les personnes qui, sous un titre quelconque, seront chargées à l'origine de l'administration ou de la direction.

Le dépôt a lieu, contre récépissé, à la sous-préfecture de l'arrondissement où la société a son siège social, ou à la préfecture du département.

Le maire de la commune en est informé immédiatement par les soins du préfet ou du sous-préfet.

Un extrait des statuts sera inséré dans le recueil des actes de la préfecture.

Tout changement dans les statuts ou dans la direction sera notifié et publié selon les formes indiquées ci-dessus.

Art. 5. — Les statuts déterminent :

1° Le siège social, qui ne peut être situé ailleurs qu'en territoire français ;

2° Les conditions et les modes d'admission et d'exclusion, tant des membres participants que des membres honoraires ;

3° La composition du bureau et du conseil d'administration, le mode d'élection de leurs membres, la nature et la durée de leurs pouvoirs ; les conditions du vote à l'assemblée générale et du droit pour les sociétaires de s'y faire représenter ;

4° Les obligations et les avantages des membres participants ;

5° Le montant et l'emploi des cotisations des membres, soit honoraires, soit participants, les modes de placement et de retrait des fonds ;

6° Les conditions de la dissolution volontaire de la société ;

7° Les bases de la liquidation à intervenir si la dissolution a lieu ;

8° Le mode de conservation des documents intéressant la société ;

9° Le mode de constitution des retraites pour lesquelles il n'a pas été pris d'engagement ferme et dont l'importance est subordonnée aux ressources de la société ;

10° L'organisation des retraites garanties, et spécialement la fixation de leur quotité et de l'âge de l'entrée en jouissance ;

11° Les prélèvements à opérer sur les cotisations pour le service spécial des retraites, lorsque, conformément à la clause précédente, les cotisations des membres honoraires ou participants devront être affectées pour partie à la constitution de retraites garanties, que ce soit au moyen d'un fonds commun ou de livrets individuels ouverts au nom des sociétaires.

Art. 6. — Lorsque l'assemblée générale sera convoquée, les pouvoirs dont les sociétaires seront porteurs, si les statuts autorisent le vote par procuration, pourront être donnés sous seing privé et seront affranchis de tous droits de timbre et d'enregistrement ; ils seront déposés au siège social.

Les contestations sur la validité des opérations électorales sont portées, dans le délai de quinze jours à dater de l'élection, devant le juge de paix du siège de la société. Elles sont introduites par simple déclaration au greffe.

Le juge de paix statue, dans les quinze jours de cette déclaration, sans frais ni forme de procédure et sur simple avertissement donné trois jours à l'avance à toutes les parties intéressées.

La décision du juge de paix est en dernier ressort, mais elle peut être déférée à la Cour de cassation. Le pourvoi n'est recevable que s'il est formé dans les dix jours de la notification de la décision. Il est formé par simple requête déposée au greffe de la justice de paix et dénoncée aux défendeurs dans les dix jours qui suivent. Il est dispensé du ministère d'un avocat à la Cour et jugé d'urgence sans frais ni amende.

Les pièces et mémoires fournis par les parties sont transmis sans frais par le greffier de la justice de paix au greffier de la Cour de cassation. La chambre civile de cette Cour statue directement sur le pourvoi.

Tous les actes sont dispensés du timbre et enregistrés gratis.

Art. 7. — Dans les trois premiers mois de chaque année, les sociétés de secours mutuels doivent adresser, par l'intermédiaire des préfets, au Ministre de l'Intérieur, et dans les formes qui seront déterminées par lui, la statistique de leur effectif, du nombre et de la nature des cas de maladie de leurs membres, telle qu'elle est prescrite par la loi du 30 novembre 1892.

Art. 8. — Il peut être établi entre les sociétés de secours mutuels, en conservant d'ailleurs à chacune d'elles son autonomie, des unions, ayant pour objet notamment :

a) L'organisation, en faveur des membres participants, des soins et secours énumérés dans l'article premier, notamment la création de pharmacies, dans les conditions déterminées par les lois spéciales sur la matière ;

b) L'admission des membres participants qui ont changé de résidence :

c) Le règlement de leurs pensions viagères de retraite ;

d) L'organisation d'assurances mutuelles pour les risques divers auxquels les sociétés se sont engagées à pourvoir, notamment la création de caisses de retraites et d'assurances communes à plusieurs sociétés pour les opérations à long terme et les maladies de longue durée ;

e) Le service des placements gratuits.

Art. 9. — Les sociétés de secours mutuels sont admises à contracter des assurances, soit en cas de décès, soit en cas d'accidents, aux caisses d'assurances instituées par la loi du 11 juillet 1868, en se conformant aux prescriptions des articles 7 et 15 de ladite loi.

Ces assurances peuvent se cumuler avec les assurances individuelles.

Art. 10. — Les infractions aux dispositions de la présente loi seront poursuivies contre les administrateurs ou les directeurs et punies d'une amende de 1 à 15 francs inclusivement.

Si une société est détournée de son but de société de secours mutuels, et si, trois mois après un avertissement donné par arrêté du préfet du département, cette société persiste à ne pas se conformer aux prescriptions de la présente loi ou aux dispositions de ses statuts, la dissolution pourra en être prononcée par le tribunal civil de l'arrondissement.

Le ministère public introduira l'action en dissolution par un mémoire présenté au président du tribunal, énençant les faits et accompagné des pièces justificatives ; ce mémoire sera notifié au président de la société avec assignation à jour fixe.

Le tribunal jugera en audience publique, sur les réquisitions du procureur de la République, le président de la société entendu ou régulièrement appelé.

Le jugement sera susceptible d'appel.

L'assistance de l'avoué ne sera obligatoire ni en première instance ni en appel.

En cas de fausse déclaration faite de mauvaise foi ou de toutes autres manœuvres tendant à dissimuler, sous le nom de sociétés de secours mutuels, des associations ayant un autre objet, les juges de répression auront la faculté de prononcer la dissolution à la requête du ministère public. Les administrateurs et directeurs seront passibles d'une amende de 16 à 500 francs.

ART. 11. — La dissolution volontaire d'une société de secours mutuels ne peut être prononcée que dans une assemblée convoquée à cet effet par un avis indiquant l'objet de la réunion et à la condition de réunir à la fois une majorité des deux tiers des membres présents et la majorité des membres inscrits.

En cas de dissolution par les tribunaux, le jugement désigne un administrateur chargé de procéder à la liquidation définitive.

Aucun encaissement de cotisation autres que celles échues au jour de la liquidation ne peut plus être effectué.

Communication sera faite à l'administrateur des livres, registres, procès-verbaux et pièces de toute nature : la communication aura lieu sans déplacement, sauf le cas où le tribunal en aurait ordonné autrement.

La liquidation s'opérera conformément aux statuts : elle sera homologuée sans frais par le tribunal, à la diligence du procureur de la République.

ART. 12. — Les secours, pensions, contrats d'assurances, livrets, et généralement toutes sommes et tous titres à remettre par les sociétés de secours mutuels à leurs membres participants, sont incessibles et insaisissables jusqu'à concurrence de 360 francs par an pour les rentes et de 3.000 francs pour les capitaux assurés.

ART. 13. — Les sociétés de secours mutuels ayant satisfait aux prescriptions des articles précédents ont le droit d'ester en justice, tant en demandant qu'en défendant, par le président ou par le délégué ayant mandat spécial à cet effet, et peuvent obtenir l'assistance judiciaire aux conditions imposées par la loi du 22 janvier 1851.

ART. 14. — Les sociétés de secours mutuels se divisent en trois catégories :

1° Les sociétés libres ;
2° Les sociétés approuvées ;
3° Les sociétés reconnues comme établissements d'utilité publique.

TITRE II

DES SOCIÉTÉS LIBRES

ART. 15. — Les sociétés libres et unions de sociétés libres peuvent recevoir et employer les sommes provenant des cotisations des membres honoraires et participants, et généralement faire des actes de simple administration ; elles peuvent posséder des objets mobiliers, prendre des immeubles à bail pour l'installation de leurs divers services.

Elles peuvent, avec l'autorisation du préfet, recevoir des dons et legs mobiliers.

Toutefois, si la libéralité est faite à une société dont la circonscription comprend des communes situées dans les départements différents, il est statué par un décret. S'il y a réclamation des héritiers du testateur, il est statué par un décret du Président de la République, le Conseil d'État entendu.

Lorsque l'emploi des dons et legs n'est pas déterminé par le donateur ou testateur, cet emploi sera prescrit par l'arrêté ou le décret d'autorisation, en exécution de l'article 4 de l'ordonnance du 3 avril 1817.

Les sociétés libres ne peuvent acquérir des immeubles, sous quelque forme que ce soit, à peine de nullité, sauf les immeubles exclusivement affectés à leurs services. Elles ne peuvent, à peine de nullité, recevoir des dons ou legs immobiliers qu'à la charge de les aliéner et d'obtenir l'autorisation mentionnée au § 3 ci-dessus. La nullité sera prononcée en justice, soit sur la demande des parties intéressées, soit d'office, sur les réquisitions du ministère public.

TITRE III

DES SOCIÉTÉS APPROUVÉES

Art. 16. — Les sociétés de secours mutuels et les unions de sociétés prévues à l'article 8, qui auront fait approuver leurs statuts par arrêté ministériel, auront tous les droits accordés aux sociétés libres et unions de sociétés libres et jouiront des avantages concédés par les articles suivants.

L'approbation ne peut être refusée que dans les deux cas suivants :

1° Pour non-conformité des statuts avec les dispositions de la loi;

2° Si les statuts ne prévoient pas de recettes proportionnées aux dépenses, pour la constitution des retraites garanties ou des assurances en cas de vie, de décès ou d'accident.

L'approbation ou le refus d'approbation doit avoir lieu dans le délai de trois mois. Le refus d'approbation doit être motivé par une infraction aux lois et notamment aux dispositions du § 4 du présent article.

En cas de refus d'approbation, un recours peut être formé devant le Conseil d'Etat. Ce recours sera dispensé de tout droit; il pourra être formé sans ministère d'avocat.

Tout changement dans les statuts d'une société approuvée doit être l'objet d'une nouvelle demande d'approbation, et aucune modification statutaire ne peut être mise à exécution si elle n'a pas été préalablement approuvée.

Il sera procédé, pour les changements dans les statuts, comme en matière de statuts primitifs, pour tout ce qui concerne les dépôts, les délais et les recours.

Art. 17. — Les sociétés de secours mutuels approuvées pourront, sous réserve de l'autorisation du Conseil d'État, recevoir des dons et legs immobiliers.

Les immeubles compris dans un acte de donation ou dans une disposition testamentaire, que les sociétés n'auront pas été autorisées à conserver, seront aliénés dans les délais et la forme prescrits par le décret qui en autorise l'acceptation ; le délai pourra, en cas de nécessité, être prorogé.

Le sociétés de secours mutuels et les unions approuvées prévues à l'article 8 peuvent être autorisées, par décret rendu en Conseil d'État, à acquérir les immeubles nécessaires soit à leurs services d'administration, soit à leur service d'hospitalisation.

Art. 18. — Les communes sont tenues de fournir aux sociétés approuvées qui le demandent les locaux nécessaires à leurs réunions, ainsi que les livrets et registres nécessaires à l'administration et à la comptabilité. En cas d'insuffisance des ressources des communes, cette dépense est mise à la charge des départements. Dans le cas où la société s'étend sur plusieurs communes ou sur plusieurs départements, cette obligation incombe d'abord à la commune dans laquelle est établi le siège social, ensuite au département auquel appartient cette commune.

Dans les villes où il existe une taxe municipale sur les convois, il est accordé aux sociétés approuvées remise des deux tiers des droits sur les convois dont elles peuvent avoir à supporter les frais, aux ermes de leurs statuts.

Art. 19. — Tous les actes intéressant les sociétés approuvées sont exempts des droits de timbre et d'enregistrement.

Sont également exempts du droit de timbre de quittance les reçus de cotisation des membres honoraires ou participants, les reçus des sommes versées aux pensionnaires, ainsi que les registres à souches qui servent au payement des journées de maladies.

Cette disposition n'est pas applicable aux transmissions de propriété, d'usufruit ou de jouissance de biens meubles et immeubles, soit entre vifs, soit par décès.

Conformément aux articles 19 de la loi du 11 juillet 1868 et 24 de la loi du 20 juillet 1886, les certificats, actes de notoriété et autres pièces exclusivement relatives à l'exécution des lois précitées et de la présente loi seront délivrés gratuitement et exempts des droits de timbre et d'enregistrement.

Art. 20. — Les placements des sociétés de secours mutuels approuvées doivent être effectués en dépôt aux caisses d'épargne, à la Caisse des dépôts et consignations, en rente sur l'État, bons du Trésor ou autres valeurs créées ou garanties par l'État, en obligations des départements et des communes, du Crédit foncier de France ou des Compagnies françaises de chemins de fer qui ont une garantie d'intérêts de l'État.

Les sociétés de secours mutuels approuvées pourront, en outre, posséder et acquérir des immeubles jusqu'à concurrence des trois quarts de leur avoir, les vendre et les échanger.

Pour être valables, ces opérations devront être votées à la majorité des trois quarts des voix par une assemblée générale extraordinaire composée au moins de la moitié des membres de la société, présents ou représentés.

Les titres et valeurs au porteur appartenant aux sociétés de secours mutuels approuvées seront déposés à la Caisse des dépôts et consignations, qui sera chargée de l'encaissement des arrérages, coupons et primes de remboursement de ces titres, et en portera le montant au compte de dépôt de chaque société.

Art. 21. — Les sociétés de secours mutuels approuvées sont admises à verser des capitaux à la Caisse des dépôts et consignations :

1° En compte courant disponible ;

2° En compte affecté pour toute la durée de la société à la formation et à l'accroissement d'un fonds commun inaliénable.

Le fonds commun de retraites existant au jour de la promulgation de la loi ne peut être supprimé.

Il peut être placé soit à la Caisse des dépôts et consignations, soit en valeurs ou immeubles, conformément aux articles 17 et 20, soit à la Caisse des retraites.

Pour l'avenir, les statuts de chaque société déterminent si elle entend user de cette faculté de constituer un fonds commun et dans quelles conditions ; ils règlent les moyens de l'alimenter, qu'il s'agisse d'un fonds commun conservé ou d'un fonds commun à créer. Ils décident notamment si la société devra verser à ce fonds, en totalité ou en partie, les subventions de l'État, les dons et legs, les cotisations des membres honoraires et les autres ressources disponibles.

Le compte courant et le fonds commun portent intérêts à un taux égal à celui de la Caisse nationale des retraites pour la vieillesse.

La différence entre le taux fixé par le paragraphe précédent et le taux de 4 1/2 0/0, déterminé par le décret-loi du 26 mars 1852 et le décret du 26 avril 1856, sera versée, à titre de bonification, à chaque société de secours mutuels approuvée ou reconnue d'utilité publique, en raison de son avoir à la Caisse des dépôts et consignations (fonds libres et fonds de retraites), au moyen d'un crédit inscrit chaque année au budget du ministère de l'Intérieur.

Les intérêts qui ne reçoivent pas d'emploi au cours de l'année sont capitalisés tous les ans.

La Caisse des dépôts et consignations aura la faculté de faire emploi des fonds versés aux comptes ci-dessus désignés, dans les mêmes conditions que pour les fonds des caisses d'épargne.

Art. 22. — Les pensions de retraites peuvent être constituées soit sur le fonds commun, soit sur le livret individuel qui appartient en toute propriété à son titulaire, à capital aliéné ou réservé.

Art. 23. — Les pensions de retraites alimentées par le fonds commun sont constituées à capital réservé au profit de la société. Elles sont servies directement par la société à l'aide des intérêts de ce fonds, ou par l'intermédiaire de la Caisse nationale des retraites.

Pour bénéficier de ces pensions, les membres participants doivent être âgés d'au moins 50 ans, avoir acquitté la cotisation sociale pendant quinze ans au moins et remplir les conditions statutaires fixées pour l'obtention de la pension.

Les sociétés qui constituent sur le fonds commun des pensions de retraites garanties sont tenues de produire, tous les cinq ans au moins, au Ministre de l'Intérieur, la situation de leurs engagements, éventuels ou liquides, et des ressources correspondantes, en se conformant aux modèles qui leur sont fournis par l'administration compétente. Elles devront modifier, s'il y a lieu, leurs statuts d'après les résultats de ces inventaires au moins quinquennaux.

Art. 24. — Les pensions de retraites constituées par le livret individuel, à l'aide de la Caisse nationale des retraites ou d'une caisse autonome, sont formées en conformité des statuts, au moyen de versements effectués par la société au compte de chacun de ses membres participants.

Ces versements proviennent :

1° De la cotisation spéciale que le sociétaire a lui-même acquittée en vue de la retraite, ou de la portion de la cotisation unique prélevée en vue de ce service ;

2° De tout ou partie des arrérages annuels du fonds commun inaliénable, s'il en existe un ;

3° Des autres ressources dont les statuts autorisent l'emploi en capital au profit des livrets individuels ;

Les versements effectués par la société sur le livret individuel le sont à capital aliéné ou à capital réservé, au profit de la société, suivant que les statuts en auront décidé.

Quant aux versements qui proviennent des cotisations du membre participant, ils peuvent être, au choix de ce membre, faits à capital aliéné ou à capital réservé au profit de ses ayants droit.

Pour la liquidation des pensions de retraites constituées à capital aliéné et à jouissance immédiate par les sociétés de secours mutuels, les tarifs à la Caisse nationale des retraites seront calculés jusqu'à 80 ans.

Art. 25. — En dehors des retraites, garanties ou non garanties, constituées soit à l'aide des fonds communs, soit au moyen du livret individuel, dans les conditions prévues aux articles 23 et 24, les sociétés peuvent accorder à leurs membres des allocations, non pas viagères, mais annuelles, prises sur les ressources disponibles. Le montant en sera fixé chaque année par l'assemblée générale. Les titulaires sont désignés par elle, parmi les membres âgés de plus de 50 ans et ayant acquitté la cotisation sociale au moins pendant quinze ans.

Les statuts déterminent les autres conditions que doivent remplir les bénéficiaires.

Le service de ces allocations annuelles s'effectue à l'aide des arrérages du fonds commun inaliénable ou des autres ressources disponibles.

Une indemnité pécuniaire, fixée également chaque année en assemblée générale et prélevée sur les fonds de réserve, peut être allouée aux membres participants devenus infirmes ou incurables avant l'âge fixé par les statuts pour être admissibles à la pension viagère de retraite.

Art. 26. — A partir de la promulgation de la présente loi, les arrérages des dotations et les subventions annuellement inscrites au budget du ministère de l'Intérieur au profit des sociétés de secours mutuels seront employés à accorder à ces sociétés des allocations : 1° pour encourager la formation des pensions de retraites à l'aide du fonds commun ou du livret individuel ; 2° pour bonifier les pensions liquidées à partir du 1er janvier 1895 et dont le montant, y compris la subvention de l'État, ne sera pas supérieur à 360 francs ; 3° pour donner, en raison du nombre de leurs membres, des subventions aux sociétés qui ne constituent pas de retraites.

Pour chacune de ces affectations, la répartition du crédit aura lieu dans les proportions et suivant les barèmes arrêtés par le Ministre de l'Intérieur, après avis du Conseil supérieur.

Il sera, préalablement à toute répartition, opéré chaque année, sur les dotations et subventions, un prélèvement déterminé par le Conseil supérieur, qui ne pourra dépasser 5 0/0 de l'actif total, pour venir en aide aux sociétés de secours mutuels qui, par suite d'épidémies ou de toute autre cause de force majeure, seraient momentanément hors d'état de remplir leurs engagements.

Les subventions de l'État, en vue de la retraite par livret individuel, profiteront aux étrangers, lorsque leur pays d'origine aura garanti par un traité des avantages équivalents à nos nationaux.

Les pensions allouées sur le fonds commun ne pourront être servies aux étrangers que dans le cas où ils résideront en territoire français.

Art. 27. — Un règlement d'administration publique détermine les conditions et les garanties à exiger pour l'organisation des caisses autonomes que les sociétés ou les unions pourront constituer, soit pour servir des pensions de retraites, soit pour réaliser l'assurance en cas de vie, de décès ou d'accident et, d'une manière générale, toutes les mesures d'application destinées à assurer l'exécution de la loi.

Les fonds versés dans ces caisses devront être employés en rentes sur l'État, en valeurs du Trésor ou garanties par le Trésor, en obligations départementales ou en valeurs énumérées au paragraphe 1er de l'article 20.

La gestion de ces caisses sera soumise à la vérification de l'inspection des finances et au contrôle du receveur particulier de l'arrondissement du siège de la caisse.

La Caisse des dépôts et consignations est tenue d'envoyer, dans le courant du premier trimestre de chaque année, aux présidents des sociétés de secours mutuels ayant constitué des pensions de retraites en faveur de leurs membres participants, la liste des retraités qui, dans l'année précédente, n'auront pas touché leurs arrérages.

ART. 28. — Les sociétés de secours mutuels qui accordent à leurs membres ou à quelques-uns seulement des indemnités moyennes ou supérieures à 5 francs par jour, des allocations annuelles ou des pensions supérieures à 360 francs et des capitaux en cas de vie ou de décès supérieurs à 3.000 francs, ne participent pas aux subventions de l'État et ne bénéficent ni du taux spécial d'intérêt fixé par les décrets des 26 mars 1852, 26 avril 1856, ni des avantages accordés par la présente loi sous forme de remise de droits d'enregistrement et de frais de justice.

Les sociétaires qui s'affilieront à plusieurs sociétés en vue de se constituer une pension supérieure à 360 francs ou des capitaux en cas de vie ou de décès supérieurs à 3.000 francs, seront exclus des sociétés de secours mutuels dont ils font partie, sous peine, pour la société, de perdre les avantages concédés par la présente loi.

ART. 29. — Dans les trois premiers mois de chaque année, les sociétés de secours mutuels approuvées doivent adresser au Ministre de l'Interieur, par l'intermédiaire des préfets et dans les formes prescrites, indépendamment de la statistique exigée par l'article 7, le compte rendu de leur situation morale et financière.

Elles sont tenues de communiquer leurs livres, registres, procès-verbaux et pièces comptables de toute nature aux préfets, sous-préfets ou à leurs délégués. Cette communication a lieu sans déplacement, sauf le cas où il en serait autrement ordonné par arrêté du préfet.

Les infractions aux prescriptions du paragraphe 2 du présent article seront punies d'une amende de 16 à 500 francs.

ART. 30. — Dans le cas d'inexécution des statuts ou de violation des dispositions de la présente loi, l'approbation peut être retirée par un décret rendu en Conseil d'État sur la proposition motivée du Ministre de l'Intérieur et après avis du Conseil supérieur des sociétés de secours mutuels, lequel sera convoqué dans le plus bref délai.

La décision portant retrait de l'approbation sera susceptible d'un recours au contentieux devant le Conseil d'État, sans ministère d'avocat et avec dispense de tous droits.

Art. 31. — Lorsque la dissolution d'une société approuvée est votée par l'assemblée générale conformément aux statuts, ou ordonnée par le tribunal, la liquidation est poursuivie sous la surveillance du préfet ou de son délégué.

Il est prélevé sur l'actif social, y compris le fonds commun inaliénable de retraites déposé à la Caisse des dépôts et consignations et dans l'ordre suivant :

1° Le montant des engagements contractés vis-à-vis des tiers ;

2° Les sommes nécessaires pour remplir les engagements contractés vis-à-vis des membres participants, notamment en ce qui concerne les pensions viagères et les assurances en cas de décès, de vie ou d'accidents ;

3° a) Une somme égale au montant des subventions et secours accordés depuis l'origine de la société par l'État, à titre inaliénable, sur les fonds de la dotation ou autres, pour être, ladite somme, versée au compte de la dotation des sociétés de secours mutuels ;

b) Des sommes égales au montant des subventions et secours accordés depuis l'origine de la société par les départements et les communes, à titre inaliénable, pour être, lesdites sommes, réintégrées dans leurs caisses ;

c) Des sommes égales ou montant des dons et legs faits à titre inaliénable, pour être employées conformément aux volontés des donateurs et testateurs, s'ils ont prévu le cas de liquidation, ou si leur volonté n'a pas été exprimée, pour être ajoutées au compte de dotation des sociétés de secours mutuels.

Si, après payement des engagements contractés vis-à-vis des tiers et des sociétaires, il ne reste pas de fonds suffisants pour le plein des prélèvements prévus au § 3 ci-dessus, ces prélèvements auront lieu au marc le franc des versements faits respectivement par l'Etat, les départements, les communes, les particuliers.

Le surplus de l'actif social sera, s'il y a lieu, réparti entre les membres participants appartenant à la société au jour de la dissolution et non pourvus d'une pension ou indemnité annuelle, au prorata des versements opérés par chacun d'eux depuis leur entrée dans la société, sans qu'ils puissent recevoir une somme supérieure à leur contribution personnelle. Le reliquat sera attribué au fonds de dotation.

TITRE IV

DES SOCIÉTÉS RECONNUES COMME ÉTABLISSEMENTS D'UTILITÉ PUBLIQUE

Art. 32. — Les sociétés de secours mutuels et les unions sont reconnues comme établissements d'utilité publique par décret rendu dans la forme des règlements d'administration publique.

La demande est adressée au préfet avec les pièces suivantes : la liste nominative des personnes qui y ont adhéré et trois exemplaires des projets de statuts et du règlement intérieur.

Art. 33. — Les sociétés reconnues comme établissements d'utilité publique jouissent des avantages accordés aux sociétés approuvées. Elles peuvent, en outre, posséder et acquérir, vendre et échanger des immeubles, dans les conditions déterminées par le décret déclarant l'utilité publique.

Elles sont soumises aux obligations de l'article 11 qui précède.

TITRE V

CONSEIL SUPÉRIEUR. — RAPPORTS ANNUELS, TABLES STATISTIQUES —

Art. 34. — Il est institué près le ministère de l'Intérieur un Conseil supérieur de sociétés de secours mutuels. Ce Conseil est composé de trente-six membres, savoir :

Deux sénateurs élus par leurs collègues ;

Deux députés élus par leurs collègues ;

Deux conseillers d'État élus par leurs collègues ;

Un délégué du Ministre de l'Intérieur ;

Un délégué du Ministre de l'Agriculture ;

Un délégué du Ministre du Commerce ;

Un membre de l'Académie des sciences morales et politiques, désigné par l'Académie ;

Un membre du Conseil supérieur du travail, nommé par ses collègues ;

Deux membres agrégés de l'Institut des actuaires français, désignés par le Ministre de l'Intérieur ;

Le directeur général de la comptabilité au ministère des Finances ;

Le directeur du mouvement général des fonds au même Ministère ;

Le directeur général de la Caisse des dépôts et consignations ;

Un membre de l'Académie de médecine, désigné par l'Académie, et un représentant des syndicats médicaux, élu par les délégués de ces syndicats dans les formes qui seront déterminées par un règlement d'administration publique ;

Dix-huit représentants de sociétés de secours mutuels, dont six appartenant aux sociétés libres, élus par les délégués des sociétés dans des formes qui seront déterminées par un règlement d'administration publique.

Chaque représentant des sociétés approuvées sera élu par un collège comprenant un certain nombre de départements.

Cette division sera faite par le règlement d'administration publique à intervenir, de telle sorte que chaque collège comprenne un nombre à peu près égal de mutualistes.

Tous les membres sont nommés pour quatre ans ; leurs pouvoirs sont renouvelables ; leurs fonctions sont gratuites.

Le Ministre de l'Intérieur est président de droit du Conseil supérieur des sociétés de secours mutuels.

Le Conseil choisit parmi ses membres ses deux vice-présidents et son secrétaire. Il est convoqué par le Ministre compétent au moins une fois tous les six mois et toutes les fois que cela lui paraîtra nécessaire.

Il reçoit communication des états statistiques et des comptes rendus de la situation financière fournis par les sociétés de secours mutuels, ainsi que des inventaires au moins quinquennaux et des autres documents fournis par les sociétés de secours mutuels, en exécution des articles 8, 23 et 29 ci-dessus.

Il donne son avis sur toutes les dispositions réglementaires ou autres qui concernent le fonctionnement des sociétés de secours mutuels et notamment sur le mode de répartition des subventions et secours, qui seront attribués sur les mêmes bases et dans les mêmes proportions pour les retraites constituées soit à l'aide du fonds commun, soit à l'aide de livrets individuels.

Art. 35. — Sept membres nommés par le Ministre, dont quatre pris parmi ceux qui procèdent de l'élection, constituent une section permanente.

La section permanente a pour fonction de donner son avis sur toutes les questions qui lui sont renvoyées soit par le Conseil supérieur, soit par le Ministre.

Le Ministre de l'Intérieur soumet, chaque année, au Président de la République, un rapport, qui est présenté au Sénat et à la Chambre des députés, sur les opérations des sociétés de secours mutuels et sur les travaux du Conseil supérieur.

Art. 36. — Dans un délai de deux ans après la promulgation de la présente loi, les Ministres de l'Intérieur et du Commerce feront établir des tables de mortalité et de morbidité applicables aux sociétés de secours mutuels.

Art. 37. — Les sociétés de secours mutuels antérieurement autorisées ou approuvées sont tenues, dans le délai de deux ans, de se conformer aux prescriptions de la présente loi. Jusqu'à l'expiration de ce délai, elles continueront à s'administrer conformément à leurs statuts.

Les sociétés approuvées, qui ne solliciteront pas, dans ce délai, ou n'obtiendront pas l'approbation de leurs statuts, devront placer leurs fonds communs en valeurs nominatives, conformément à l'article 20 ci-dessus, et déposer leurs titres à la Caisse des dépôts et consignations. L'inexécution de ces dispositions entraînera l'application des articles 10 et 30 de la présente loi.

Toutefois, les sociétés qui assurent leurs membres exclusivement contre la maladie sont dispensées de solliciter de nouveau cette approbation.

Le Ministre de l'Intérieur, après avis du Conseil supérieur prévu à l'article 34, déterminera dans quelle mesure il pourra être fait exception, pour le passé, aux prescriptions de l'article 2 en faveur des sociétés de secours mutuels qui, établies en vue de l'assurance contre la maladie, auront accordé certains avantages à ceux de leurs membres entrés dans la société à un âge relativement avancé et n'ayant pu arriver à la liquidation de leur pension en satisfaisant aux conditions normales de stage.

Art. 38. — Les articles 13, 18, 19 et 21 de la présente loi, à l'exception, pour ce dernier, de ce qui concerne le fonds commun, s'appliquent aux sociétés régulièrement constituées, en conformité du titre III de la loi du 29 juin 1894, dont l'article 20 est abrogé.

Art. 39. — Le décret-loi du 27 mars 1858 est ainsi modifié :
« Les personnes auxquelles le gouvernement de la République aura accordé des médailles d'honneur, en leur qualité de membres d'une société de secours mutuels, libre ou approuvée, pourront porter publiquement ces récompenses. »

Art. 40. — Les syndicats professionnels constitués légalement aux termes de la loi du 21 mars 1884, qui ont prévu dans leurs statuts les secours mutuels entre les membres adhérents, bénéficieront des avantages de la présente loi, à la condition de se conformer à ses prescriptions.

Art. 41. — Toutes les dispositions contraires à la présente loi sont abrogées.
La présente loi, délibérée et adoptée par le Sénat et par la Chambre des députés, sera exécutée comme loi de l'État.

Fait à Paris, le 1er avril 1898.

FÉLIX FAURE.

Par le Président de la République :
Le Ministre de l'Intérieur,
Louis Barthou.

STATUTS MODÈLES

D'UNE

SOCIÉTÉ DE SECOURS MUTUELS APPROUVÉE

CONFORMES A LA LOI DU 1ᵉʳ AVRIL 1898

CHAPITRE PREMIER

Formation et but de la Société

ARTICLE PREMIER

Une Société de secours mutuels est établie à ... sous le nom de ... [1].

Elle se recrute ..... [2].

Elle a pour but [3] :

1° De fournir les soins médicaux et les médicaments nécessaires à ses membres participants malades ou blessés ;

2° De leur payer une indemnité pendant la durée de l'incapacité de travail, due aux maladies ou aux blessures dont ils peuvent être atteints ;

3° De leur constituer des pensions de retraite et de leur donner des allocations annuelles renouvenables [4] ;

5° De fournir à leur famille les soins médicaux et les médicaments nécessaires ;

6° D'accorder aux membres participants malades, blessés ou infirmes et à leur famille, en cas de besoins urgents, des secours exceptionnels ;

7° De pourvoir à leurs funérailles ;

8° De contracter à leur profit des assurances collectives [5] en cas de vie et de décès [6] ;

1. Indiquer ici le titre et le siège de la Société (Art. 6 de loi du 1ᵉʳ avril 1898).

2. Indiquer les caractères distinctifs du recrutement de la Société, soit au point de vue de la circonscription territoriale que ses membres doivent habiter, soit au point de vue de la profession qu'ils doivent exercer, soit à tout autre point de vue.

3. L'énumération qui suit comprenant les buts principaux qu'une Société de secours mutuels peut légalement viser en France (Art. 1ᵉʳ de la loi), il y aura lieu de supprimer, dans les statuts de chaque Société particulière, ceux qu'elle ne se propose pas d'atteindre.

4. Ou l'un des deux seulement.

5. Ou individuelles.

6. Elle peut également avoir pour but de contracter des assurances en cas d'accidents.

9° D'allouer des secours aux ascendants, aux veufs, aux veuves ou orphelins de leurs membres participants décédés [1].

CHAPITRE II

Composition de la Société
Conditions d'admission

Art. 2

La Société se compose de membres honoraires et de membres participants.

Art. 3

Les membres honoraires sont ceux qui, par leurs souscriptions ou par des services équivalents, contribuent à la prospérité de la Société sans participer à ses avantages. Ils ne sont soumis à aucune condition d'âge, de domicile, de profession ou de nationalité.

Art. 4

Les membres participants sont ceux qui ont droit à tous les avantages assurés par l'association, en échange du paiement régulier de leur cotisation.

Les mêmes avantages sont assurés à tous les membres participants, sans autre distinction que celle qui résulte des cotisations fournies et des risques apportés [2].

Art. 5

Les femmes [3] et les enfants [4] peuvent faire partie de la Société. Les jeunes sociétaires peuvent assister aux assemblées, mais ne sont admis à voter qu'à partir de l'âge de ... [5].

Art. 6

Les membres participants sont admis par le Conseil à la majorité des voix, à titre provisoire et sauf ratification par la plus prochaine assemblée générale.

Les membres honoraires sont admis par le Conseil à la majorité des voix.

Art. 7

Pour être admis à titre de membre participant, le candidat doit remplir les conditions suivantes :

1° Être présenté par deux membres de la Société ;

[1]. Elle peut également avoir pour but, conformément au paragraphe 2 de l'article 1er de la loi du 1er avril 1898 :

10° De créer des cours professionnels à leur profit ;

11° D'établir un office gratuit pour leur placement ;

12° De leur payer une allocation en cas de chômage involontaire.

La loi ne permet de viser ces trois derniers buts que comme nécessaires et à la condition que les dépenses ainsi effectuées soient couvertes par des cotisations ou recettes spéciales.

[2]. Condition imposée par l'article 2 de la loi.

[3]. Les femmes n'ont pas besoin de l'assistance de leur mari (art. 3 de la loi). Aux termes de cet article, les femmes peuvent aussi créer, administrer et diriger une Société. Si elles sont mariées, elles ne peuvent l'administrer et la diriger qu'avec les autorisations de droit commun.

[4]. Les mineurs peuvent faire partie de la Société sans l'intervention de leur représentant légal.

[5]. Par exemple, 16 ans.

2° N'être pas âgé de moins de... ni de plus de... [1];

3° Avoir un domicile de trois mois;

4° Avoir été reconnu valide par un médecin désigné ou agréé par la Société et auquel l'identité du candidat a été au préalable certifiée par un sociétaire ou par un agent de la Société [2].

·L'avis du médecin ne doit pas être motivé [3];

5° Avoir été vacciné;

6°...[4].

Toutefois, le Conseil d'administration peut décider qu'il sera dérogé à l'une ou à plusieurs des conditions énoncées sous les n°° 1 à 5, si le candidat vient d'une autre Société avec laquelle des arrangements spéciaux ont été pris, ou s'il s'agit d'un membre honoraire, atteint par des revers de fortune, et admis comme membre participant conformément à l'article 12 des présents statuts.

CHAPITRE III

Administration

Art. 8

La Société est administrée par un Conseil composé d'un président, de... vice-présidents, d'un secrétaire, d'un trésorier [5] et de... administrateurs.

Ces fonctions sont gratuites [6].

Art. 9

L'administration de la Société ne peut être confiée qu'à des Français majeurs, de l'un ou l'autre sexe, non déchus de leurs droits civils ou civiques, sous réserve, pour les femmes mariées, des autorisations de droit commun [7].

Art. 10

Tous les membres du Conseil sont élus au bulletin secret, en assemblée générale, et ne peuvent être choisis que parmi les membres honoraires ou participants [8].

L'assemblée générale désigne parmi eux les membres du bureau [9].

Ils sont indéfiniment rééligibles.

Un scrutin spécial a lieu pour le Président.

Nul n'est élu au premier tour de scrutin

1. Il est prudent de ne pas admettre dans les Sociétés ordinaires de membres participants âgés de plus de 40 ans, le risque de maladie augmentant considérablement à partir de cet âge, et la formation d'une retraite exigeant une assez longue durée de sociétariat, si l'on veut éviter le versement de cotisations excessives.

2. Ces conditions ne sont requises que pour les Sociétés donnant des secours en cas de maladie ou de décès.

3. Cette disposition est empruntée à l'article 7 de la loi du 30 novembre 1894 sur les habitations à bon marché.

4. Indiquer que le candidat appartient à la catégorie de personnes parmi lesquelles la Société se recrute (Voir art. 1er note 2).

5. Dans les Sociétés nombreuses et dans celles qui visent simultanément plusieurs buts, il peut être utile que les statuts prévoient qu'il y aura plusieurs vice-présidents, ainsi que des secrétaires et des trésoriers adjoints.

6. Cette disposition n'empêche pas que les Sociétés nombreuses aient, pour assurer le fonctionnement de leurs services, un ou plusieurs agents rétribués.

7. Article 3 de la loi.

8. Article 3 de la loi.

9. Le bureau peut aussi être nommé par le Conseil.

s'il n'a réuni la majorité absolue des suffrages. Au deuxième tour, l'élection a lieu à la majorité relative ; dans le cas où les candidats obtiendraient un nombre égal de suffrages, l'élection est acquise au plus âgé.

Art. 11

Le Président est élu pour [1] ... ans.

Il est rééligible.

Les membres du Conseil sont élus pour [2] ... ans ; ils sont renouvelés [3] .....

Le premier Conseil procédera par voie de tirage au sort pour désigner ceux de ses membres qui seront soumis à la réélection au terme de chacune des [4] ... années.

Il en sera de même du Conseil qui serait élu à la suite d'une démission collective des administrateurs en exercice.

Il est pourvu provisoirement par le Conseil au remplacement des membres décédés ou démissionnaires ; ses choix sont soumis à la ratification de la plus prochaine assemblée générale.

Les administrateurs ainsi nommés ne demeurent en fonctions que pendant la durée du mandat qui avait été confié à leurs prédécesseurs.

Art. 12

Le président assure la régularité du fonctionnement de la Société conformément aux statuts.

Il adresse, dans les trois premiers mois de chaque année, au préfet :

1° La statistique de l'effectif de la Société, du nombre et de la nature des cas de maladie de ses membres [5] ;

2° Le compte rendu de la situation morale et financière de la Société [6] présenté par le Conseil à l'assemblée générale.

Il est chargé de la police des assemblées ; il signe tous les actes, arrêtés ou délibérations ; il représente la Société en justice et dans tous les actes de la vie civile.

Art. 13

Un des vice-présidents seconde le président dans toutes ses fonctions.

Il le remplace en cas d'empêchement [7].

Art. 14

Le secrétaire est chargé des convocations, de la rédaction des procès-verbaux,

---

1. Par exemple, pour six ans.

2. Par exemple, pour six ans.

3. Dans l'exemple précédent, par tiers tous les deux ans.

4. Dans l'exemple précédent, des deuxième et quatrième années.

5. Art. 7 de la loi

6. Art. 29 de la loi

7. Lorsque les statuts prévoient plusieurs vice-présidents, le règlement intérieur fixe l'ordre dans lequel ils sont appelés à remplacer éventuellement le Président.

de la correspondance et de la conservation des archives. Il tient le registre matricule des membres de la Société et présente au Conseil les demandes d'admission.

En cas de maladie d'un membre participant, le secrétaire avise le médecin [1] et les visiteurs en fonctions.

Il règle tout ce qui a rapport aux funérailles.

ART. 15

Le Trésorier fait les recettes et les paiements ; il tient les livres de la comptabilité.

Il est responsable de la caisse contenant les fonds et les titres de la Société [2].

Il paie sur mandats visés par le Président.

Il délivre aux Sociétaires, au moment de leur admission, des cartes ou livrets sur lesquels est constaté le paiement des cotisations.

En ce qui concerne les titres et valeurs au porteur, il se conforme à l'article 20 de la loi du 1er avril 1898.

Il touche, avec l'autorisation du Conseil, le montant du remboursement des rentes ou valeurs nominatives qui seraient amorties.

Sur la décision du Conseil, il peut vendre les valeurs mobilières jusqu'à concurrence d'une somme fixée annuellement par l'Assemblée générale [3].

Il peut, avec l'autorisation du Conseil, signer toutes feuilles de conversion, de transfert ou de remboursement, consentir l'annulation de tous titres ou certificats nominatifs, faire toutes déclarations, acquitter tous impôts, etc.

ART. 16

Les visiteurs sont chargés de visiter les malades, de leur porter l'indemnité statutaire et de s'assurer qu'ils reçoivent les soins que leur doit la Société.

Ils sont choisis par le Conseil parmi les membres participants.

ART. 17

Le Conseil se réunit chaque fois qu'il est convoqué par le Président et au moins tous les mois.

La convocation est obligatoire quand

1. Lorsque la Société recourt à plusieurs médecins, le règlement intérieur fixe les règles à suivre pour leur désignation.

2. Lorsque la Société emploie des agents rétribués, le règlement intérieur peut également les rendre responsables des fonds et titres qui leur sont confiés.

3. Cette fixation peut aussi être faite par un règlement intérieur.

elle est demandée par la majorité des membres du Conseil.

Le Conseil ne peut délibérer valablement que si la majorité des membres qui le composent assistent à la séance.

Art. 18

La Société[1] se réunit en Assemblée générale ordinaire une...[2] fois par an pour entendre la lecture des rapports qui lui sont présentés et statuer sur les questions qui lui sont soumises par le Conseil.

En outre, le Président peut toujours convoquer une Assemblée générale dans les cas graves et urgents.

La convocation est obligatoire quand elle est demandée soit par le quart des membres de la Société ayant le droit de vote, soit par la majorité des membres du Conseil.

Art. 19

L'Assemblée générale qui délibère dans les cas autres que ceux qui sont prévus dans l'article qui suit doit être composée du quart au moins des membres de la Société présents ou représentés. Si elle ne réunit pas ce nombre, la délibération est ajournée ; une nouvelle Assemblée est convoquée dans le délai d'un mois au plus et elle délibère valablement quel que soit le nombre des Sociétaires présents.

Les délibérations sont prises à la majorité des voix.

Art. 20

L'Assemblée générale extraordinaire qui délibère sur des modifications aux statuts doit être composée du quart au moins des membres de la Société.

Les délibérations sont prises à la majorité des deux tiers des membres présents.

L'Assemblée générale extraordinaire qui délibère sur la dissolution volontaire de la Société ne peut statuer qu'à la majorité des deux tiers des membres présents et à la majorité des membres de la Société ayant le droit de vote[3].

L'Assemblée générale extraordinaire qui statue sur les acquisitions, ventes ou échanges d'immeubles, doit être composée de la moitié au moins des membres de la Société ayant le droit de vote, présents ou représentés, et ne peut statuer

---

1. Composée des membres honoraires et participants (art. 2 des présents statuts).
2. Ou plusieurs.

3. Article 11 de la loi.

qu'à la majorité des trois quarts des voix [1].

Art. 21

Est nulle et non avenue toute décision prise dans une réunion de l'assemblée générale ou du Conseil qui n'a pas fait l'objet d'une convocation régulière ou portant sur une question qui ne figurait pas à l'ordre du jour.

Art. 22

Toute discussion politique, religieuse ou étrangère au but de la mutualité est interdite dans les réunions du Conseil et de l'assemblée générale.

Il est interdit aux membres du Conseil de se servir de leur titre en dehors des fonctions qui leur sont attribuées par les statuts.

CHAPITRE IV

Organisation financière

Art. 23

Les recettes de la Société sont de deux sortes, les recettes *normales* et les recettes *complémentaires*.

Les recettes *normales* sont :

1° Les cotisations des membres participants [2];

2° Les sommes que certains chefs d'industrie versent pour le compte de leurs ouvriers ou employés en vertu de l'article 5 de la loi du 9 avril 1898, conformément aux statuts-type annexés aux présents statuts [3];

3° Les intérêts produits par les fonds provenant de ces cotisations.

Les recettes *complémentaires* sont :

1° Les droits d'admission payés par les membres participants [4];

2° Les cotisations des membres honoraires;

3° Le produit des amendes;

4° Les dons et legs dont l'acceptation a été approuvée par l'autorité compétente [5];

5° Les subventions accordées par l'État, le département, la commune ou les particuliers;

6° Le produit des fêtes, tombolas régulièrement autorisées, collectes, etc., organisées par la Société;

1. Article 20 de la loi.

2. Comprenant éventuellement : Les droits d'entrée *compensateurs* que certaines sociétés réclament pour équilibrer les charges différentes apportées par des participants d'âges divers, lorsque la cotisation est uniforme.

3. Voyez page 72.

4. Sauf ceux qui ont le caractère de droits d'entrée *compensateurs*.

5. Article 17 de la loi.

7° Les intérêts produits par les fonds ne provenant pas des cotisations des membres participants.

ART. 24

Aux deux catégories de recettes sociales correspondent deux catégories de dépenses.

Les dépenses *normales* sont [1] :

1° *Pour les secours en cas de maladie et les frais de gestion :*

Les frais médicaux,

Les frais pharmaceutiques,

Les indemnités quotidennes,

Les frais funéraires,

Les frais de gestion.

2° *Pour les retraites :*

Les versements prévus par l'article 50 des présents statuts.

3° *Pour les assurances en cas de vie et de décès :*

Les versements relatifs aux assurances prévues par les articles 48 et 49 des présents statuts [2] :

Les dépenses *complémentaires* sont [1] :

1° Les allocations annuelles renouvelables prévues par les articles 51 et 52 des présents statuts ;

2° Les secours exceptionnels accordés aux membres participants malades, blessés ou infirmes et à leur famille et aux familles des membres participants décédés (art. 47 des présents statuts) ;

3° Les secours exceptionnels accordés aux membres participants exclus par l'article 35 des statuts du bénéfice des secours normaux en cas de maladie ;

4° Les dépenses exceptionnelles et non périodiques ordonnées par l'assemblée générale en vertu de l'article 2 des présents statuts.

ART 2

Les recettes et les dépenses *normales* sont portées à des comptes distincts pour [1] :

1° Les secours en cas de maladie et les frais de gestion ;

2° Les retraites ;

3° Les assurances en cas de vie et de décès [3].

Chacun de ces comptes reçoit les cotisations ou portions de cotisations déterminées par l'article 30 des présents statuts.

---

1. De cette énumération, doivent être supprimées toutes les dépenses afférentes aux services non prévus par l'art. 1er des statuts.

2. Si la Société organise les services accessoires prévus par l'art. 1er de la loi (note 3, page 2), ajouter ici :

4° *Pour les services accessoires :*

Les frais des cours professionnels,

Les dépenses afférentes à l'office de placements,

Les allocations en cas de chômage.

3. Si la Société organise les services accessoires dont il est question à la note précédente, ajouter ici :

4° Les cours professionnels,

5° Les offices de placements,

6° Les allocations en cas de chômage.

Chaque année, l'excédent éventuel des recettes sur les dépenses de chacun de ces deux derniers comptes (retraites et assurances en cas de vie et de décès) est reporté aux recettes du même compte pour l'exercice suivant.

L'excédent du premier de ces comptes (secours en cas de maladie et frais de gestion) est porté au *Fonds de réserve*.

ART. 26

Les recettes et les dépenses complémentaires définies par les articles 23 et 24 sont portées à un compte distinct des précédents. L'excédent éventuel des recettes sur les dépenses de ce compte est annuellement versé à un fonds spécial qui prend le nom de *Fonds de réserve* [1].

ART. 27

L'assemblée générale peut effectuer des prélèvements sur le *fonds de réserve* pour faire face à des nécessités exceptionnelles et urgentes [2].

ART. 28

Le Trésorier ne peut conserver en caisse une somme supérieure à [3] ... francs.

L'excédent doit être placé à la Caisse des dépôts et consignations, en compte courant disponible [4].

CHAPITRE V

Obligations envers la Société

ART. 29

Les membres participants payent, en entrant, un droit d'admission, fixé à ... [5].

Cette somme est versée immédiatement après l'admission avec la cotisation du mois courant, ou peut être répartie en mensualités qui seront versées dans le courant de la première année.

ART. 30

Les membres participants s'engagent, en outre, au paiement d'une cotisation mensuelle fixée par les tableaux annexés aux présents statuts [6]. Ces tableaux indiquent la portion de cotisation afférente à chacun des comptes définis par l'article 25.

1. Ce fonds peut être rendu inaliénable en tout ou en partie, si la Société le juge convenable. Dans le cas où il y aurait déjà un *fonds commun* au jour de la promulgation de la loi (1er avril 1898), il ne peut être supprimé; mais la Société a la faculté de ne pas l'accroître.

2. Par exemple, en cas d'épidémie.

3. Cette somme dépend de l'importance et du but de la Société.

4. Le placement peut être aussi effectué :
   a En valeurs autorisées par l'article 20 de la loi ;
   b Aux caisses d'épargne ;
   c Au compte du fonds commun inaliénable, si la Société possède un fonds de ce genre.

Les valeurs au porteur doivent être déposées à la Caisse des dépôts et consignations.

5. Il peut y avoir lieu, en outre, de viser des droits d'entrée compensateurs dont le tableau devra être annexé aux statuts.

6. Si le but visé par la Société permet l'emploi rationnel d'une cotisation uniforme pour tous les membres participants, cette cotisation doit être indiquée ici et la construction de tableaux devient inutile.

Art. 31

Tout membre participant qui veut avoir droit pour sa femme et pour ses enfants âgés de moins de [1] ... ans aux soins médicaux et pharmaceutiques, verse, à cet effet, un supplément de cotisation [2] égal pour sa femme à ..., pour chacun de ses trois premiers enfants à ..., pour chacun de ses autres enfants à ... [3].

Art. 32

Les membres honoraires paient une cotisation dont le minimum est de ... [4].

Art. 33

Chaque membre participant est obligé, sauf le cas de force majeure, de se rendre aux assemblées générales et à toutes les convocations statutairement faites.

Art. 34

Les membres participants qui ont été blessés en dehors des cas prévus par la loi du 9 avril 1898, et qui ont reçu les soins médicaux et pharmaceutiques et l'indemnité journalière doivent, dans la limite des dépenses faites par la Société, subroger cette dernière dans tous leurs droits contre tous tiers responsables de l'accident, cause de la blessure.

CHAPITRE VI

Obligations de la Société [5]

SECTION I

Secours en cas de maladie

Art. 35

Les membres participants malades ont droit aux soins médicaux et aux médicaments pendant une durée de ... [6] pour chaque maladie.

Ils ont droit, en outre, à une indemnité quotidienne en argent de ... francs pour les hommes et de ... francs pour les femmes, à partir du premier jour jusqu'au ... [7] jour de maladie; une indemnité de ... francs pour les hommes et de ... francs pour les femmes, du [8] jour au ... [9] jour [10].

---

1. Par exemple, 13 ans.

2. La Société agira sagement en ouvrant un compte spécial pour les soins médicaux et pharmaceutiques donnés aux femmes et aux enfants conformément à l'article 31.

3. Par exemple, à la moitié de ce qu'il verse pour chacun de ses trois premiers enfants.

4. Article 5 de la loi.

5. Ces obligations peuvent être réduites si la Société ne vise pas tous les buts énumérés par l'article 1er des présents statuts.

6. Par exemple, 6 mois.

7. Par exemple, trentième jour.
8. Par exemple, trente et unième jour.
9. Par exemple, soixantième jour.
10. D'autres périodes peuvent encore être spécifiées, par exemple du soixante et unième au quatre-vingt-dixième jour, etc.

Une indisposition de cinq jours ne donne pas lieu à une indemnité. Une maladie plus prolongée y donne droit à partir du premier jour.

Lorsque à l'expiration du dernier terme plus haut fixé, le malade n'est pas rétabli, le Conseil décide si les soins médicaux et les médicaments et l'indemnité quotidienne peuvent lui être continués et dans quelle mesure[1]. Les dépenses occasionnées par ces secours exceptionnels sont imputées au compte des dépenses complémentaires.

Art. 36

Les membres participants ont droit pendant le même temps aux soins médicaux et aux médicaments pour leur femme et leurs enfants malades, lorsqu'ils ont versé les suppléments de cotisation déterminés par l'article 31 des présents statuts.

Art. 37

Les membres participants retraités qui continuent le paiement de la cotisation afférente au compte de maladie et frais de gestion continuent à recevoir les soins médicaux et les médicaments.

Art. 38.

Les couches des femmes donnent droit aux mêmes secours que la maladie.

Art. 39.

Toute rechute d'une maladie, survenant dans un délai de....[2] est considérée, au point de vue des secours, comme la continuation de la maladie primitive.

Art. 40.

Tout malade rencontré hors de chez lui sans être autorisé à sortir, celui qui a pris des médicaments ou des aliments contraires aux ordonnances des médecins, celui qui commet des excès alcooliques, cessent de recevoir les secours statutaires.

Ces secours cessent également d'être accordés au malade qui a repris l'exercice de sa profession ou qui se livre à tout autre travail non autorisé par le médecin.

Art. 41.

Le membre participant en retard de....[3] dans le paiement de sa cotisation n'a droit

---

1. Sous réserve des conventions qui seraient passées, soit avec une autre société, soit avec une union, en vue de la *réassurance*.

2. Six mois, par exemple.

3. Par exemple, 3 mois.

aux secours statutaires que... [1] après s'être entièrement acquitté.

Art. 42.

Les membres honoraires, atteints par des revers de fortune, peuvent être admis comme membres participants sans égard à la limite d'âge, par décision spéciale du Conseil [2].

Art. 43.

Aucun secours n'est dû pour les maladies causées par l'intempérance, ni pour les blessures reçues dans une rixe, lorsqu'il est prouvé que le membre participant a été l'agresseur, ni pour les blessures reçues dans une émeute à laquelle il aura pris une part volontaire.

Art. 44.

Le service médical et pharmaceutique est réglé par le Conseil [3] qui désigne les médecins et les pharmaciens.

Les médicaments ne sont fournis par le pharmacien que sur la présentation de l'ordonnance du médecin, portant le nom du membre participant malade.

Les médecins devront, autant que possible, éviter de prescrire des spécialités, des eaux minérales et autres médicaments de luxe, toutes les fois que ces médicaments peuvent être remplacés par des préparations également efficaces, quoique moins coûteuses.

Art. 45.

Les opérations de grande chirurgie restent en dehors [4] des soins médicaux et pharmaceutiques accordés par la Société.

Art. 46.

La Société pourvoit aux frais funéraires occasionnés par le décès de ses membres participants.

Ces frais ne peuvent dépasser un maximum de...

... [5] Membres participants sont convoqués pour assister aux obsèques des membres honoraires et participants décédés dans la commune où ils résident.

Art. 47.

Des secours exceptionnels, pris sur une somme spéciale que détermine annuel-

---

1. Par exemple, 15 jours.

2. Il y aura lieu pour le Conseil de fixer les conditions de cette faveur d'après l'âge du membre honoraire, les risques qu'il apporte et les versements qu'il a déjà effectués.

3. Les dépenses médicales et pharmaceutiques peuvent aussi être réglées directement par le malade, si le montant de ces dépenses est compris dans l'indemnité journalière.

4. Cette exclusion est prudente, mais rien ne s'oppose à ce que les opérations de grande chirurgie soient comprises dans les soins médicaux et pharmaceutiques.

5. Le nombre d'assistants dépend de l'importance de la Société.

lement l'assemblée générale, et imputés au compte des dépenses complémentaires, peuvent être accordés aux membres participants malades, blessés, ou infirmes, et à leur famille, en cas de besoins urgents. Des secours de même nature peuvent également être accordés aux veuves, aux orphelins ou aux ascendants des membres participants.

SECTION II

Assurances

ART. 48

La Société contracte à la caisse d'assurance instituée par la loi du 11 juillet 1868[1] une assurance collective[2] en cas de décès d'une somme de...

Cette somme est remise par la Société aux personnes ci-dessous indiquées par ordre de priorité :

1° A la veuve de tout membre participant décédé ;

2° A ses enfants ;

3° A ses ascendants ;

4° A la personne ou aux personnes qui auraient été désignées par acte de dernière volonté du membre participant décédé ;

5° A ses frères et sœurs, neveux et nièces.

A défaut de bénéficiaires rentrant dans l'une ou l'autre des 5 catégories sus-énoncées, le capital assuré est versé au fonds de réserve de la Société.

ART. 49

La Société contracte à une des caisses autonomes visées par l'article 27 de la loi[3] une assurance collective[4] en cas de vie d'une somme de... au profit de tout membre participant qui atteindra l'âge de...

[1]. Ou à une des caisses autonomes visées par l'article 27 de la loi, ou à une Société française d'assurances sur la vie.

[2]. Cette assurance peut se cumuler avec des assurances individuelles (art. 9 de la loi).

[3]. Ou à une Société française d'assurances sur la vie.

[4]. Cette assurance peut se cumuler avec des assurances individuelles (art. 1er de la loi).

SECTION III

Pensions viagères et allocations annuelles

ART. 50[a].

Tout membre participant reçoit, dès son admission dans la Société, un Livret de la « Caisse nationale des retraites pour la vieillesse [1] » donnant droit à une pension de retraite garantie à l'âge de... [2]

Chaque année, le trésorier de la Société verse sur chacun de ces livrets, à capital aliéné [3] :

1° La portion de cotisation affectée au service des retraites par l'article 30 des présents statuts ;

2° Un supplément éventuel uniforme pour tous les participants, déterminé annuellement par l'assemblée générale et prélevé sur les recettes complémentaires ;

3° Les versements volontaires que les participants effectuent éventuellement pour accroître leur pension.

ART. 50[b].

Chaque année, l'Assemblée générale accorde des pensions dont elle fixe le montant en tenant compte de la durée du sociétariat et du montant des cotisations versées, et désigne les titulaires. Ceux-ci doivent être âgés au moins de 50 ans et avoir acquitté la cotisation pendant 15 années au moins [4].

Les arrérages de ces pensions sont payés par la Caisse sociale et prélevés sur les revenus du fonds commun inaliénable [5].

1. Ou d'une des Caisses autonomes prévues par l'art. 27 de la loi.

2. 50 ans au moins d'après l'art. 25 de la loi. Cet âge doit être aussi élevé que possible, pour accroître le montant de la pension.

3. Ou réservé au profit de......

4. Art. 23 de la loi.

5. Ce dernier paragraphe peut être remplacé par le suivant : « Les pensions sont constituées à la Caisse nationale des retraites pour la vieillesse, capital réservé au profit de la Société. »

Les pensions allouées sur le fonds commun ne peuvent être servies aux étrangers ne résidant pas en territoire français (art. 26 de la loi).

Les Sociétés nombreuses peuvent encore créer une Caisse autonome pour le service de leurs pensions, dans les termes de l'art. 27 de la loi ; si leur effectif n'est pas suffisant, elles peuvent s'affilier à une union qui créerait cette caisse autonome.

---

a, b. La Société devra choisir l'un ou l'autre des articles 50 figurant au texte.

Art. 51

L'Assemblée générale fixe [1] annuellement le montant d'une allocation renouvelable de retraite qui est versée à tous les membres participants âgés de plus de ... ans.

Cette allocation est imputée au compte des dépenses complémentaires.

Art. 52

Une allocation renouvelable peut être également accordée aux membres participants devenus infirmes ou incurables avant cet âge.

Elle est imputée au compte des dépenses complémentaires.

Art. 53

Les livrets de retraite, prévus par l'article 50, sont la propriété des membres participants qui les emportent dans le cas où ils viennent à quitter la Société [2].

CHAPITRE VII

Police et discipline

Art. 54

Le règlement concernant la police des séances est arrêté par le Conseil. Aucune peine ne peut être établie en dehors de celles fixées par les statuts.

Art. 55

Tout membre qui ne remplit pas les fonctions statutaires qui lui sont confiées, tout visiteur qui ne s'est pas acquitté régulièrement de sa mission, encourt, sauf excuse reconnue valable par le Conseil, une amende de ... pour chaque infraction.

Tout membre qui fait des déclarations sciemment inexactes et préjudiciables à la Société, ou qui favorise volontairement les fraudes et les fausses déclarations d'autres Sociétaires, encourt une amende de ...

Tout membre participant qui n'assiste pas aux assemblées générales, encourt, sauf excuse reconnue valable par le Conseil, une amende de ...

Tout membre qui trouble le cours des

1. Dans cette fixation il pourra être tenu compte de la durée du sociétariat et du montant des cotisations versées.

2. Si la Société vise les buts accessoires énumérés sous les n°° 10°, 11°, 12° à la note 3, paragraphe 9 de l'article 1°, les trois articles suivants peuvent être ajoutés ici :

Art.....

Une allocation quotidienne de ... francs pour les hommes, de ... francs pour les femmes est accordée aux membres participants en état de chômage involontaire, à partir du ... jour inclusivement.

Cette allocation cesse pour le membre participant qui refuse un emploi de sa profession offert par la Société.

Art.....

Les cours professionnels organisés par la Société sont ouverts gratuitement à tous les membres honoraires participants.

Art.....

Les membres participants sans emploi peuvent recourir gratuitement à l'office de placement organisé par la Société.

séances ou se présente à l'assemblée en état d'ivresse, encourt une amende de ... et est tenu de quitter l'assemblée.

Tout membre qui prononce des paroles injurieuses contre les membres du Conseil, ou le médecin, encourt une amende de ...

En cas de récidive, il peut être exclu de la Société par l'assemblée générale sur l'avis du Conseil.

Tout membre qui dans une réunion soulève une question politique ou religieuse est, pour ce fait seul, condamné à une amende de ... francs. Cette amende est de ... francs pour les membres du Conseil. En cas de récidive, le membre peut être exclu de la Société.

Art. 56

Les amendes sont exigibles avant la cotisation. Le membre participant qui refuse de payer celles auxquelles il a été condamné peut être exclu de la Société.

CHAPITRE VIII

Radiation, exclusion

Art. 57

Cessent de faire partie de la Société les membres qui n'ont pas payé leur cotisation depuis ... [1] mois.

Cependant, il peut être sursis par le Conseil à l'application de cet article pour les membres participants qui prouvent que des circonstances indépendantes de leur volonté les ont empêchés d'effectuer le paiement de la cotisation.

Art. 58

Le membre participant appelé sous les drapeaux qui a acquitté ses cotisations jusqu'au moment de son départ, reste inscrit sur les contrôles de la Société pendant la durée de son service militaire actif sans avoir rien à payer. Pendant cette période il n'a pas droit aux secours déterminés par l'art. 35. Un an après l'expiration de son service, s'il n'a pas repris le paiement de ses cotisations, sa radiation a lieu d'office [1].

1. Par exemple, six.

1. Il y aura lieu de n'effectuer sa radiation, une fois l'année écoulée, qu'un mois après avertissement par lettre recommandée adressée à son dernier domicile.

Art. 59

L'exclusion est prononcée en assemblée générale sur la proposition du Conseil et sans discussion :

1° Contre les sociétaires qui seraient frappés d'une condamnation infamante :

2° Contre ceux qui se seraient rendus coupables d'un acte contraire à l'honneur ou auraient une conduite déréglée notoirement scandaleuse ;

3° Contre ceux qui auraient causé aux intérêts de la Société un préjudice volontaire et dûment constaté.

Dans les cas prévus par le présent article et par les articles 55, 56 et 57 le membre partipant dont l'exclusion est proposée est invité à se présenter devant le Conseil pour être entendu sur les faits qui lui sont imputés ; s'il ne se présente pas au jour indiqué, une nouvelle invitation lui est adressée par lettre recommandée ; s'il s'abstient encore de s'y rendre, son exclusion est, sans autre formalité, proposée à l'assemblée générale.

Art. 60

La démission, la radiation et l'exclusion ne donnent 'roit à aucun remboursement en espèces.

Le membre participant qui sort de la Société pour une cause quelconque après cinq ans d'acquittement régulier de ses cotisations spéciales de retraite reçoit une indemnité pour la perte de ses droits éventuels à la retraite.

Cette indemnité consiste en un versement fait à son compte sur livret individuel à la Caisse nationale de retraites.

Le règlement intérieur détermine le mode à suivre pour la liquidation de ses droits et le calcul de l'indemnité correspondante.

CHAPITRE IX

Modification aux statuts, dissolution liquidation

Art. 61

Les statuts ne peuvent être modifiés que sur la proposition du Conseil ou sur celle de [1]... sociétaires au moins.

---

1. Par exemple, du cinquième des sociétaires.

Dans ce dernier cas, la proposition est soumise au Conseil, deux mois avant la séance où elle viendra en délibération.

Le projet de modification est imprimé et envoyé à tous les sociétaires huit jours au moins avant la séance de l'Assemblée générale extraordinaire à laquelle ils sont convoqués par lettre individuelle indiquant l'ordre du jour.

Toute modification aux statuts doit être notifiée et publiée conformément à l'article 4 de la loi du 1ᵉʳ avril 1898. —

Les modifications aux statuts ne peuvent être mises en vigueur qu'après avoir été approuvées par arrêté ministériel conformément à l'article 16 de la même loi.

Art. 62

La dissolution est prononcée dans les formes prescrites par le précédent article.

Art. 63

En cas de dissolution, la liquidation s'opère suivant les prescriptions de l'article 31 de la loi du 1ᵉʳ avril 1898.

OBSERVATION

Aux termes de l'article 16 de la loi du 1ᵉʳ avril 1898,

« L'approbation ne peut être refusée que dans les deux cas suivants :

1° Pour non-conformité des statuts avec les dispositions de la loi ;

2° Si les statuts ne prévoient pas des recettes proportionnées aux dépenses pour la constitution des retraites garanties, ou des assurances en cas de vie, de décès ou d'accidents. »

Les statuts modèles ne sont, en conséquence, que des indications dont les sociétés à créer ou existantes pourront tirer profit pour l'établissement ou la revision de leurs statuts. Mais elles pourront également adopter des dispositions différentes, pourvu que ces dispositions ne soient pas contraires à la loi et aux règlements d'administration publique qui seront rendus en exécution de cette loi.

ACCIDENTS DU TRAVAIL

Art. 5 de la loi du 9 avril 1898

ART. 5. — Les chefs d'entreprise peuvent se décharger, pendant les trente, soixante ou quatre-vingt-dix premiers jours à partir de l'accident, de l'obligation de payer aux victimes les frais de maladie et l'indemnité temporaire, ou une partie seulement de cette indemnité, comme il est spécifié ci-après, s'ils justifient :

1° Qu'ils ont affilié leurs ouvriers à des sociétés de secours mutuels et pris à leur charge une quote-part de la cotisation qui aura été déterminée d'un commun accord, et en se conformant aux statuts-type approuvés par le Ministre compétent, mais qui ne devra pas être inférieure au tiers de cette cotisation ;

2° Que ces sociétés assurent à leurs membres, en cas de blessures, pendant trente, soixante ou quatre-vingt-dix jours, les soins médicaux et pharmaceutiques et une indemnité journalière.

Si l'indemnité journalière servie par la Société est inférieure à la moitié du salaire quotidien de la victime, le chef d'entreprise est tenu de lui verser la différence.

STATUTS-TYPE [1]

Arrêtés par le Ministre de l'Intérieur à la date du 16 mai 1899

(Journal officiel du 17 mai 1899)

Le président du Conseil, Ministre de l'Intérieur et des Cultes,

Vu l'article 5 de la loi du 9 avril 1898 ;

Vu le décret du 2 mars 1899, instituant une commission chargée de la préparation des statuts-type prévus par cet article,

Arrête :

ARTICLE PREMIER

Les sociétés de secours mutuels peuvent, dans les conditions prévues par l'article 5 de la loi du 9 avril 1898, passer avec des chefs d'entreprise des conventions à l'effet de prendre à forfait, en cas d'accidents entraînant une incapacité temporaire de travail, la charge de payer à ceux de leurs membres participants occupés par ces chefs d'entreprise les frais de maladie et l'indemnité journalière ou partie seulement de cette indemnité.

---

1. Les dispositions de ces statuts sont obligatoirement insérées dans les statuts des sociétés qui, conformément à l'article 5 de la loi du 9 avril 1898, se proposent de contracter avec les chefs d'entreprise pour assurer, en cas de blessures à leurs ouvriers et employés membres participants, pendant trente, soixante ou quatre-vingt-dix jours, les soins médicaux et pharmaceutiques et une indemnité journalière.

La convention peut également stipuler le payement des mêmes frais ou indemnités en cas d'accidents entraînant la mort ou une incapacité permanente.

Art. 2

La convention prévue à l'article 1er est passée par le Conseil, sous réserve de l'approbation par l'assemblée générale. Elle est conclue pour une durée de... et se poursuit par tacite reconduction, sauf aux intéressés à la dénoncer dans le délai de ...

Art. 3

Les chefs d'entreprise peuvent affilier aux sociétés, avec leur consentement et sans condition de durée de résidence, ceux de leurs ouvriers ou employés qui n'en sont point encore membres participants.

Art. 4

Les allocations des chefs d'entreprise sont calculées en vue de couvrir entièrement les charges supplémentaires qu'assument les sociétés en vertu de la convention prévue à l'article 1er.

Elles ne peuvent être inférieures au tiers du montant des cotisations statutaires pour les secours en cas de maladie et pour les frais de gestion des sociétés.

Art. 5

Les allocations prévues par la convention sont payables par les chefs d'entreprise toutes les ... (quinzaines, mois, trimestres, etc.), et d'avance.

Art. 6

Les sociétés, à partir du cinquième jour après l'accident et pendant la durée fixée par la convention (30, 60 ou 90 jours), fournissent à leurs membres participants blessés par le fait ou à l'occasion du travail les soins médicaux et pharmaceutiques et l'indemnité journalière prévue dans les statuts.

Dans le cas où l'indemnité journalière statutaire n'atteint pas 50 0/0 du salaire journalier touché au moment de l'accident, le complément est payé aux victimes, soit directement par les chefs d'entreprise, soit par les sociétés moyennant remboursement par les chefs d'entreprise, soit directement par les sociétés, si elles ont consenti cette charge spéciale dans la convention.

Les frais et indemnités dus au delà du délai spécifié par la convention et jusqu'au moment de la guérison, de l'entrée en jouissance d'une pension ou du décès, sont payés soit directement par les chefs d'entreprise, soit par les sociétés, à charge de remboursement par les chefs d'entreprise.

Art. 7

Les sociétés doivent fournir et les participants sont tenus d'accepter les secours médicaux et pharmaceutiques dans les conditions fixées aux statuts.

En cas d'accidents régis par la loi du 9 avril 1898, ces soins, ainsi que les indemnités convenues, sont fournis pendant toute la période pour laquelle les chefs d'entreprise ont payé l'allocation stipulée au contrat, même si les participants n'ont point payé leur cotisation personnelle statutaire.

Art. 8

Les directeurs du cabinet et du personnel et du secrétariat sont chargés, chacun en ce qui le concerne, de l'exécution du présent arrêté.

Fait à Paris, le 16 mai 1899.

Signé : CHARLES DUPUY.

TABLE DES MATIÈRES

www.ingramcontent.com/pod-product-compliance
Lightning Source LLC
LaVergne TN
LVHW012048030726
842523LV00002B/433